希腊罗马2500年

影响人类历史的伟大文明

[德]赫尔格·索恩德◎著　张世佶◎译

浙江人民出版社

ATLAS DER ANTIKE

00 JAHRE IMPERIEN UND KULTUREN IN WORT UND BILD

图书在版编目（CIP）数据

希腊罗马2500年：影响人类历史的伟大文明 /（德）赫尔格·索恩德著；张世佶译．—杭州：浙江人民出版社，2021.6

ISBN 978-7-213-09942-7

Ⅰ.①希… Ⅱ.①赫… ②张… Ⅲ.①古希腊－历史 ②古罗马－历史 Ⅳ.① K125 ② K126

中国版本图书馆 CIP 数据核字（2020）第 256144 号

浙江省版权局
著作权合同登记章
图字：11-2019-277 号

地图审图号：GS（2021）2442 号

希腊罗马2500年：影响人类历史的伟大文明

[德] 赫尔格·索恩德 著 张世佶 译

出版发行：浙江人民出版社（杭州市体育场路347号 邮编 310006）
市场部电话：（0571）85061682 85176516
责任编辑：沈敏一
特约编辑：王月梅
营销编辑：陈雯怡 陈芊如 赵 娜
责任校对：戴文英
责任印务：刘彭年
封面设计：创研设
电脑制版：北京弘文励志文化传播有限公司
印 刷：杭州丰源印刷有限公司
开 本：710毫米×1000毫米 1/16 印 张：17
字 数：180千字 插 页：4
版 次：2021年6月第1版 印 次：2021年6月第1次印刷
书 号：ISBN 978-7-213-09942-7
定 价：118.00元

前言
PREFACE

将古希腊罗马时代这个充满魅力的，并且具有重要意义的历史时期真实地呈现出来，让读者看到它的本来面目，是本书的宗旨所在。书中除了大量地图之外，还配有丰富的图片资料。这些配图不仅仅是文字部分的补充说明，其本身也是非常重要的内容。另外，本书还利用信息框，在非常有限的空间中为读者提供了大量的重要附加信息。所有这些设置都使得这本《希腊罗马 2500 年》阅读起来清晰、直观，一目了然。

从时间上讲，本书从诞生于克里特岛的、欧洲最早的高级文明——克里特文明开始讲起，一直讲到西罗马帝国的灭亡，涵盖了古希腊罗马时代整整 2500 年的历史。书中按照时间顺序，非常系统地将其间最重要的事件和历史发展的脉络娓娓道来。

书中不仅讲述了伟大人物的丰功伟绩和盛世强国的历史，也用适当的篇幅介绍了当时的社会与经济背景。

此外，读者还会读到诞生于古希腊罗马时代的多元文化思想，尤其是哲学、科学技术以及宗教方面的思想，这些都对之后的历史进程产生了深远的影响。

这本《希腊罗马 2500 年》是一个非常清晰的纲要，帮助我们回顾那段虽时间久远但在内容和影响上依旧鲜活的历史。

赫尔格 · 索恩德

目录
CONTENTS

第一章

粉墨登场：地中海大舞台上的人们

米诺斯人的海上霸权
真实的特洛伊战争
腓尼基人的贸易帝国
希腊大殖民时代的移民潮
贸易高手伊特鲁里亚人

> 地中海地区是古希腊罗马时期最重要的贸易区，众多民族汇集于此。图中，一支米诺斯舰队正在进入港口。米诺斯的壁画，公元前 13 世纪。

“环绕池塘的青蛙”
——米诺斯人的海上霸权

米诺斯人是我们知道的第一个建立舰队，统治今天的爱琴海海域，并征服了基克拉泽斯群岛的民族。

> 米诺斯时代的克里特岛。

说明：本书中的地图系原书插附地图。以下不再特别说明。

这是古希腊历史学家修昔底德在公元前 5 世纪对米诺斯人的重要性给予的评价。欧洲最早出现的高级文明被命名为米诺斯文明。这一文明起源于公元前 2850 年，并在公元前 2000 年左右达到顶峰。

米诺斯人定居在克里特岛，这里后来由国王米诺斯统治。据说，他曾居住在克诺索斯王宫。他的两个兄弟萨尔珀冬和拉达曼迪斯则统治着各自的领地马塔拉和斐斯托斯。说到克诺索斯王宫，今天最广为人知的当属居住在宫中的公牛怪米诺陶洛斯。这

只牛头人身的怪兽，最终被英雄忒修斯和国王米诺斯的女儿阿里阿德涅联手杀死。

传说还提到，在米诺斯统治时期，克里特岛的船只遍布地中海，控制着海上贸易，为克里特岛创造了无尽财富。很多历史学家将这种现象称为海上霸权。在克里特人拥有海上霸权的时期，他们在政治和军事上都在爱琴海地区占据统治地位。此外，米诺斯应该也是一位重要的立法者。传说他死于西西里岛——他被那里的国王引入圈套，在一次蒸汽浴中窒息而亡。

国王米诺斯之后，克里特文明便被称为米诺斯文明。这一名称来源于英国考古学家阿瑟·埃文斯在克诺索斯王宫进行的发掘工作。他曾试图对清理出的废墟进行重建，这一行为后来遭到许多人的诟病。就人物真实性而言，国王米诺斯并不比他的两个兄弟，或阿里阿德涅和忒修斯，或公牛怪，更加可信。从历史学的角度来看，之所以有这些名字，无非是后来的希腊人试图给一个伟大时代的模糊记忆命名而已。

事实上，我们对于克里特岛的繁盛时期知之甚少。目前，我们只能从四座分散的宫殿（除了克诺索斯、斐斯托斯和马塔拉，还有位于克里特岛东海岸的加藤扎克罗斯）看出，该时期政治上实施的是非集权式统治。这四座宫殿都有一座大型的长方形中央庭院，周围环绕着公共建筑及私人建筑。宫殿以及物质文明、手工艺和宗教方面都体现出统一的文化特征。从宫殿建筑群的布局不难看出，克诺索斯在政治方面很可能处于统治地位。我们由此可以推断，居住在克诺索斯的王应该对整座岛屿拥有统治权，他同时也集国家权力和神圣权力于一身。在今天看来，他类似于古代的祭司王。

欧罗巴被绑架

欧洲大陆的守护神是腓尼基国王阿革诺耳的女儿，名叫欧罗巴。一日，宙斯变身为一头公牛，绑架了毫无防备地在特洛伊海滩上玩耍的欧罗巴，并将她带到克里特岛。他们在戈特林的一棵被称为圣树的梧桐树下举行了婚礼。婚后，欧罗巴生育了三个儿子——米诺斯、拉达曼迪斯和萨尔珀冬。这个传说背后隐含了一个重要的历史信息：产生于克里特岛的第一个欧洲高级文明是从中东获取的灵感。来自安纳托利亚地区的金牛座崇拜在米诺斯人那里也有着非常重要的地位。宙斯与克里特岛也有着密切联系——该岛被认为是这位奥林匹克众神首领的出生地。

> 骑着公牛的欧罗巴。希腊花瓶上的黑色人物像，公元前 510 年左右。

> 带有公牛浮雕的门廊石柱遗迹。属于克诺索斯岛上的米诺斯宫殿，宫殿于公元前 1375 年被毁。

克里特岛上，所有的官邸都被大面积的住宅区包围，岛上大约有 4 万居民。宫殿不仅具有政治象征的作用，同时也是经贸往来的中心，农民售卖囤积在宫殿储藏间里的油和谷物。不同于同时代的东方宫殿或者后来迈锡尼文明时期的希腊宫殿，这些宫殿都没有设防。后世在发掘中也未曾发现城墙或者其他防御工事。克里特人似乎有很强的安全感，因为既没有内部动荡，也不必担心外敌入侵。

克里特人从公元前 2000 年起就发明了自己专属的文字，这也是高级文明的重要特征之一。这种被学界称为“线形文字 A”的文字拥有 80 个字符。它们被刻在黏土片、印章和金属器皿上，用于日常生活，例如标记商品库存。不过，直至今日，我们仍无法破译这些文字。

克里特人的领地是海洋。直至公元前 20 世纪后期，他们的船只一直穿梭于地中海东、西部。他们从东方运回珍贵的商品，同时也向地中海地区供应他们自己的商品。他们在许多岛屿上都建立了贸易基地，例如塞浦路斯岛和基克拉迪群岛。

埃及法老属于克里特商人首选的贸易伙伴。考古发现证实，克里特岛与尼罗河流域国家有着非常紧密的贸易往来。

米诺斯文明光芒万丈，因而很容易影响其他民族。位于圣托里尼岛的阿克罗蒂里市便受此影响。它起源于公元前 16 世纪，属于基克拉迪群岛文化的一部分。随着阿克罗蒂里的居民与克里特岛居民的交往不断加深，他们越来越向往克里特人那样的生活。正是通过这种文化辐射，东部地中海地区出现了一个属于克里特人的帝国。

在长达 700 年的时间里，由米诺斯人统治的克里特岛国泰民安、经济繁荣，始终保持强势地位。这也得益于它的地缘优势——远离安纳托利亚、中东和埃及，它没有卷入那些地区的政治纷争与战乱。王朝的统治者也能够掌控岛上的局势，即使与民众产生过严重的对立，但岛上从未爆发过起义或暴乱。尽管在时间的长河中，宫殿数次被摧毁，尤其是约公元前1800年那次。当时处于“古王宫时期”末期，但这也并非战争造成的后果，而是因为克里特岛上一再发生的强烈地震。每次地震之后，宫殿又很快被重建。

因为社会长期安定，克里特人如同生活在天堂。他们信奉神灵，并为神灵建造庙宇，供奉祭品。他们还非常重视从东方传入的公牛崇拜。从宫殿和富人豪宅的华丽壁画中，可以看出当时的欢乐与祥和。与大多数古代文明中的女性相比，克里特岛上的女性似乎享有更高的社会地位。尽管将其称之为母权社会有些夸张，但起码上层阶级的妇女相对其他地方的妇女而言享有更多的权利，例如进剧院观看演出。普遍来说，当时这还只是男性拥有的特权。其原因在于，克里特人信奉的众多女性神灵具有主导地位，他们认为这些女神掌管着繁衍与植物生长，整个社会普遍比较尊重女性。

米诺斯文明与克里特岛的历史最终以突如其来的崩溃宣告终结，这样的结局与伴随米诺斯文明数个世纪的和平毫不相符。米诺斯人与“新王宫时期”同时走到了尽头。这一时代大致始于公元前1800年，在大约400年后终结。当时的岛屿经历了一次严重的灾难，此后未能恢复。直到今天，人们尚不清楚当时的一切是如何发生的。所有的宫殿、住宅和庙宇毁于一旦。长久以来流传的说法是，米诺斯文明终结于一次毁灭性的火山爆发，如今这

亚特兰蒂斯神话

直到今天，我们谈到亚特兰蒂斯的神话时，仍然会感到心潮澎湃。古希腊哲学家柏拉图在两部著作《蒂迈欧篇》和《克里同篇》中都曾提到一块大陆，说这里的国王统治着一个强大的帝国，然而，公元前 9600 年左右，在一次毁灭性的灾难中，这块大陆沉入大海。从此以后，学者们纷纷开始寻找亚特兰蒂斯。相距甚远的许多地方（特洛伊、圣托里尼，以及西班牙、美国等）都与失落的亚特兰蒂斯有着这样或那样的关联。据柏拉图说，该岛位于海格力斯石柱之外，也就是在直布罗陀海峡的另一侧。依照古典时代的认知，这种描述也就意味着这个地方在现实中并不存在。亚特兰蒂斯的传说可以被看作对伟大帝国的崛起与没落的一种比喻。因而，我们完全不必再执着于对亚特兰蒂斯的苦苦找寻。

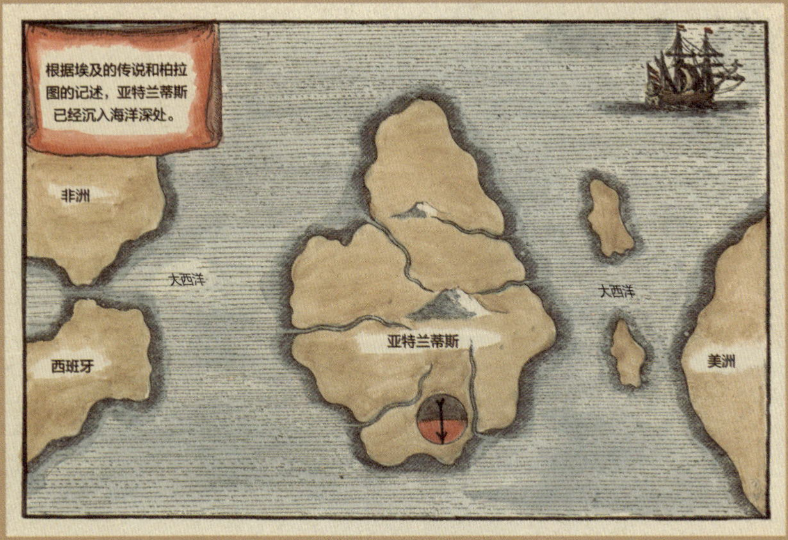

> 沉没的亚特兰蒂斯。

个说法已经遭到驳斥。事实上，圣托里尼岛上确实经历过一次严重的火山爆发，它摧毁了阿克罗蒂里这个繁荣的城市，并让整个岛屿遭受重创。只是，这场火山爆发发生在公元前 17 世纪下半叶，比克里特宫殿的毁灭早了整整 200 年。据推测，克里特岛在公元前 1400 年发生了一系列剧烈的地震，这使得王朝政局以及岛上的基础设施都受到重创。来自大陆的迈锡尼人趁机夺权并取代了米诺斯人，他们使岛上的文明又继续繁荣了 200 年。但 200 年后的又一场灾难，无论是自然的还是人为的，最终灭亡了米诺斯人的后代。

因利而起的掠夺
——真实的特洛伊战争

特洛伊战争无疑是古希腊罗马时代最广为流传的故事之一。它讲述的是特洛伊城被希腊军事联盟围攻的事件。十年后，这一联盟随着特洛伊城的毁灭走向终结。

对古希腊人而言，“特洛伊战争”成了一个专有名词。这一事件一再成为文学作品的主题，最早的版本来自荷马。荷马本人生平不详，一些学者甚至认为他并不存在。诞生于公元前 8 世纪的欧洲并流传至今的《荷马史诗》，是世界著名史诗，以荷马冠名。它包括《伊利亚特》和《奥德赛》。《伊利亚特》讲述的是特洛伊战争的最后阶段，《奥德赛》则描述了特洛伊战争中的英雄奥德修斯返乡途中的漫长漂泊。

特洛伊城在这些作品中被描述为小亚细亚西北海岸的一座城市。这场战争据说是由众神纷争时一个私人问题引发的。显然，古希腊人深信，人世间发生的一切，都由居住在奥林匹斯山并受宙斯统治的神灵之家掌控。特洛伊国王普里阿摩斯之子帕里斯，在一次有三名女神参赛的选美比赛中，判定爱与美的女神阿弗洛狄忒为获胜者。女神为了表示感谢，帮助帕里斯将斯巴达国王墨涅拉俄斯的妻子海伦绑架至特洛伊。为了争夺海伦，迈锡尼国王阿伽门农率领希腊贵族中的精英渡过海洋，赶来特洛伊。以阿

奥德修斯的漫漫归家路

伊萨卡之王奥德修斯是古希腊特洛伊战争中的英雄。特洛伊战争结束之后，所有的战士都回到了家乡，唯独奥德修斯在海上历经十年漂泊，经历无数风浪和艰险，才重返家园。诗人荷马在《奥德赛》中对奥德修斯返乡中的种种经历进行了描述。例如，他在小岛上遇见独眼巨人波吕斐摩斯与女巫喀耳刻，在面对海妖那充满魔力却又致命的歌声时，他将自己捆绑在桅杆上，以抵御诱惑。最终，他凭借勇气与智慧克服了所有困难，及时赶回家中，并向那些围绕在他妻子身边的追求者展开报复。当然，就像古希腊史诗和神话中其他与特洛伊相关的人物一样，奥德修斯并不具有更多的真实性 。因此，重现史诗中描述的奥德修斯在地中海走过的路线，并无太多意义——尽管有些探险家和学者非常热衷于此。不过，奥德修斯的故事也并非完全是虚构的，它其实是以极富想象力的方式讲述了古希腊的船长在公元前 8 世纪为探寻地中海的新海岸历经的种种艰险。故事里的斯库拉和卡律布狄斯这两个海怪能够利用漩涡吞噬过往船只，反映的就是意大利和西西里岛之间的墨西拿海峡出现的潮汐现象。

喀琉斯、大埃阿斯和奥德修斯为代表的希腊勇士，和以赫克托耳和埃涅阿斯为代表的特洛伊勇士，都成了之后数年战争中的风云人物。最终，奥德修斯借助巨大的木马攻陷并摧毁了特洛伊这座城市。

19 世纪，考古学家海因里希·施里曼在土耳其西北部的希沙利克发现了一处废墟，并认为那是荷马描述的特洛伊城的遗址，因为废墟的样子看上去与特洛伊战争有关。之后的发掘成果带来了更准确的信息。根据废墟中的火灾痕迹推断，特洛伊战争应该发生在公元前 12 世纪。但事实上，根本不存在这样一场战争，至少不像荷马或者其他古代作家描述的那样。特

奥林匹斯山
爱琴海
科斯
斯基亚索斯
斯科派洛斯岛
斯佩依海依河
琉卡斯
伊萨卡
克睿萨
奥尔霍迈诺斯
优卑亚岛
忒拜
开法勒尼亚
雅典
伯罗奔尼撒
扎金索斯
迈锡尼
米德埃 / 丹德拉
蒂林斯
阿尔菲奥斯河
爱奥尼亚海
皮洛斯
莫内莱恩
基西拉岛
重要城市
公元前 13 世纪，迈锡尼人的城市中心和居住点

> 迈锡尼人的定居点。

> 阿伽门农黄金面具。发现于迈锡尼卫城的一座墓葬中，可追溯到公元前 16 世纪。

洛伊城历史悠久，始建于公元前 3000 年左右。这里的居民并非希腊人，他们很可能来自安纳托利亚。这里的城市不断发展、壮大，直至公元前 5 世纪。特洛伊城常常遭受自然灾害，而且由于处于地中海与黑海之间有利的战略位置，所以它一直是外来势力的必争之地。

这座城市也引起了好战的迈锡尼人的兴趣，他们用伯罗奔尼撒半岛上阿尔戈利斯地区的一个城邦国给它命名。这一文明的其他宫殿位于泰尼斯、皮洛斯以及伯罗奔尼撒半岛外的波提恩和阿提卡。

迈锡尼各国的国王在政治上相互独立，他们之间通过共同的语言联系在一起，这种语言对应的文字如今被称为“线形文字B”。它被视为最古老的一种希腊文字，在迈锡尼宫殿陈列馆中的黏土片上大量存在。1939年，人们在皮洛斯发现了600多块刻有线形文字B的黏土片。1952年，麦克尔·文屈斯破译了这种由音节和象形图画组成的文字。

从宫殿的建筑风格来看，迈锡尼文明的历任统治者有着相同的想法。他们建造的宫殿非常讲究防御性，以至于古人将这些建筑视为史前独眼巨人的杰作。雄伟的圆顶坟墓里摆满了华丽的随葬品，象征着死者拥有的耀眼财富，这些财富多为战利品。迈锡尼的船只也将这些财物运往克里特岛，迈锡尼文明最终取代了那里因饱受自然灾害而日益衰落的米诺斯文明。

国王们暴虐无道，人民的政治权利丧失殆尽，大部分迈锡尼民众都在社会关系和经济上严重依附于贵族阶层。迈锡尼文明之所以具有较强的防御能力，也因为他们的人民始终生活在对暴乱的恐惧之中。

迈锡尼人在希腊的统治始于公元前1600年左右，并在公元前14世纪—前13世纪达到鼎盛。伯罗奔尼撒半岛的宫殿在公元前1200年被摧毁，可能是自然灾害造成的，也可能是被战争摧毁的，还有一种说法是多立亚人迁徙造成的。这次迁徙涉及数个语言相通的民族，迁徙的人群起初到达了希腊北部与中部，之后又到达了伯罗奔尼撒半岛以及克里特岛和罗得岛一带的爱琴海岛屿，甚至到达了小亚细亚的西南海岸。迈锡尼文明鼎盛时代终结的另一个原因是经济的衰退。贸易活动由于地中海东部地区新兴政治势力的崛起而一蹶不振，农业也由于生产方式过度集约而衰退，生态环境因之恶化，人民苦不堪言。

海因里希 · 施里曼

施里曼是特洛伊、迈锡尼和梯林斯的考古发掘者。他并不是一位训练有素的考古学家，这位生于 1822 年的梅克伦堡人原本是一位精明的商人，依靠经商赚取了一笔可观的财富。这些财富让他能够去实现自己的梦想——找寻《荷马史诗》中描述的古希腊遗址，并“唤醒”它们。这位颇具语言天赋并且热爱历史的商人坚信，史诗中描述的一切都曾经发生过。他将自己在特洛伊发现的黄金宝藏，用传说中的特洛伊国王普里阿摩斯的名字命名，称之为“普里阿摩斯的宝藏”。尽管他非常规的发掘方法引来了很多批评的声音，但是施里曼绝对称得上是青铜时代考古学的先驱。他于 1890 年 12 月 26 日在那不勒斯去世。

> 海因里希 · 施里曼，1880 年的照片。

迈锡尼人并没有立即从政治舞台上消失。公元前 12 世纪，仍有他们活跃的身影，据说他们还航行至小亚细亚的西海岸进行考察。他们远航的原因当然不是特洛伊王子帕里斯绑架了一位斯巴达女性（即海伦），那只不过是古希腊人编的故事。相反，迈锡尼人的每次远行都是有利可图的侵略和掠夺。为了获取财富，迈锡尼人的船只一次又一次地驶向地中海东部地区，贸易之城特洛伊也自然成为他们志在必得的目标。特洛伊城在公元前 12 世纪初遭到毁灭，极有可能因为其中的某次掠夺。这一事件经过古希腊人的加工，成了文学故事里波澜壮阔的长达十年之久的特洛伊战争。他们还创造了阿伽门农、阿喀琉斯、普里阿摩斯和赫克托耳等人物，这些尽管全是虚构的，却成为欧洲历史长河里不可或缺的一部分。而对于他们的原型，我们却一无所知。

> 位于迈锡尼的带有六个墓穴的环形墓群 A，迈锡尼的王公很可能被埋葬于此。

在迈锡尼的统治衰落之后，希腊进入黑暗时代，时间是公元前 12 世纪初期到前 8 世纪中期。有关这一时期的可靠史料非常少，主要是因为迈锡尼人使用的线形文字 B 在当时的希腊已经失传。来自北方的移民被笼统地称为“多利亚、爱奥尼亚和爱迪尔人”，他们并没有自己的文字。但是黑暗时代并不像“黑暗的中世纪”那般充满了倒退与落后。相反，在这一时期形成的政治、经济和文化体系促使希腊在公元前750年左右进入了一个全新的、面向未来的阶段。

紫红染料之国

——腓尼基人的贸易帝国

他们是古代伟大的航海民族，他们的船只驶过整个地中海，从东到西。为了不断扩张的贸易，他们在各地建立基地。基于上述原因，腓尼基人在地中海早期历史中占据着重要位置。

当迈锡尼人的统治走向没落时，腓尼基人迎来了属于他们的时代。那是公元前1200年左右，在之后长达350年的时间里，腓尼基人一直拥有最强的海军力量。

腓尼基人发端于推罗、比布鲁斯、西顿以及毕布勒这些位于今天的黎巴嫩附近的城市。他们从未形成过一个中央集权的国家。每个城邦各自为国，当地国王和贵族精英联合统治着国家。

在文化和宗教方面，腓尼基人深受中东世界的影响。他们崇拜的神灵主要有雷神、丰饶之神巴力和推罗的城市之神梅尔卡特。

属于闪族语系的腓尼基人拥有自己的拼读文字，这一文字体系包含22个辅音字母。公元前9世纪，从迈锡尼时代结束起就没有文字的希腊人在贸易往来中接触并吸收了腓尼基人的文字。由于希腊人的语言比腓尼基人的语言更有韵律感，所以希腊人对腓尼基人的字母表进行了扩充，将那些在希腊语中找不到对应音的腓尼基发音全都转变为了元音。例如，希腊语的首字母 α 在腓尼基语中发音为 Aleph。

> 地中海地区的经济与贸易。

斯基泰人
奥尔比亚
提拉斯
伊斯特洛斯
多瑙河
黑 海
色雷斯人
拜占庭
爱诺斯
安纳托利亚人
戈尔迪翁
波斯帝国（大流士一世时期）
萨尔迪斯
以弗所
米利都
雅典
罗得城
蒂罗斯
西顿
推罗
大马士革
耶路撒冷
佩特拉
昔兰尼
诺克拉提斯
孟斐斯
尼罗河
利比亚人
0 100 200 300 km

腓尼基人的目光总是朝向大海，大海能帮助他们与外面更广阔的世界建立联系。他们追求这种联系并非出于军事目的，而纯粹是出于经济目的。他们想要转卖来自东方的商品，同时也想从地中海地区的资源中获取收益。腓尼基人最杰出的成就之一就是发明了紫红色染料。根据并不完全准确的词源学解释，“腓尼基”这一名称也是由“紫色”演变而来。此外，腓尼基人还是名副其实的金属和玻璃加工专家。

所以，当腓尼基的海员们开发新的销售市场时，他们总是有比较畅销的商品。同时，他们也被遥远国度的财富吸引。不过刚开始时，船长的目标并未瞄向后来成为腓尼基商业帝国一部分的遥远国度。起初，他们仅以周边的岛屿和海岸为目标，例如几乎就在他们家门口的塞浦路斯，这里有储量丰富的铜矿。其他目标包括罗得岛和后米诺斯时代的克里特岛，腓尼基人还在罗得岛上的卡米洛斯和亚里索两个城邦建立了办事机构。此外，还有一些较小的爱琴海中的岛屿。

当腓尼基人对地中海东部地区在政治和贸易上都实现掌控之后，他们才进一步向西发展，此时还没有一个中东国家去实施这样的计划。这样做的前提是必须拥有适航的船只。腓尼基人作为造船、导航以及航海等多方面的能手，在争夺海上霸权的斗争中无疑拥有先天优势。

另外一个有利因素在于古代黎巴嫩地区有大量的木材，因而有足够的造船材料。基于这些条件，爱琴海中岛屿上的那些基地为腓尼基人向西方挺进提供了充足的资源。

在神勇的船长的带领下，腓尼基人的船队不断驶向新的海岸，他们到达了意大利的西西里岛和撒丁岛。他们在所到之处从未扮演过掠夺者或者殖民者的角色，而是小心翼翼地和当地人交往，避免和他们发生冲突。腓尼基人非常清楚自己的目的在于开展贸易，而不是发动战争。但是现实并不总如人所愿。腓尼基人在西西里岛上的商业行为侵犯了自公元前 8 世纪就开始在此殖民的希腊人的利益，导致西西里岛分裂为由腓尼基人主导的西部地区和由希腊人统治的东部地区。

北非沿岸一线是腓尼基人贸易扩张的重要线路。公元前 9 世纪下半叶，腓尼基人竭力争取成为最强的贸易大国。据腓尼基商人记载，公元前 814 年，他们在今天的突尼斯建立了迦太基城。腓尼基人最初为这个城市取名为“Qart Hadascht”，意为“新城”。从直布罗陀海峡望过去，会发现这座城市位于地中海上最狭窄的位置。从那里去西西里，如果用腓尼基人的快捷船只，

> 雷神巴尔的一尊小雕像。发现于今叙利亚的乌加列，可追溯到公元前 1300 年左右。

用时很短。而且腓尼基人在那里可以很好地控制往来东西的航运交通。这座城市最重要的意义在于，它是通往欧洲西部的中转站。

西班牙人神话般的金属财富勾起了腓尼基人的强烈欲望。欧洲南部的伊比利亚半岛有丰富的金、银、铜、铁、锡资源，极具吸引力。于是腓尼基人决定在迦太基对金属贸易进行协调。在西班牙，腓尼基人同样在富饶的矿山附近建立了贸易基地。西班牙最古老的城市就诞生于这样的环境中。一开始，腓尼基人将这个定居点称为“加迪斯”，后来演变成这个城市今天的名称“加的斯”。依据史料记载，这座城市建立于公元前 1104 年，也就是特洛伊战争结束之后 80 年。但是这一时间明显偏早，而且与考古发现不符。更为合理的时间应该在迦太基建立之后，即在公元前 814 年以后。腓尼基人选择加的斯这一定居点，是深思熟虑的结果。这里正对着瓜达莱特河河口，同时又与瓜达尔基维尔山谷相连，直通安达卢西亚矿区。作为第一个横向开发整个地中海（从黎巴嫩至西班牙）的民族，腓尼基人打造了世界上第一个国际性的经济大国，但他们并没有因为这项意义非凡的开创性成就而沾沾自喜。相反，他们勇敢地穿越直布罗陀海峡，开始了征服大西洋的征程。

他们经过了赫拉克勒斯石柱，这是希腊人后来对直布罗陀海峡的称呼。而且，来自黎凡特的腓尼基商人，很可能在他们的亚特兰蒂斯探寻之旅中就到达了马德拉岛和加纳利群岛。腓尼基的水手还来到了西非海岸沿线。那些宣称腓尼基人建立了 300 多个殖民地的古代记录或许有些夸大，但我们可以断定，腓尼基人探索过西非海岸，而且是在欧洲殖民大国进入这片土地之前的很多

> 腓尼基人和迦太基人的船只不仅横渡地中海，他们还到非洲考察。

个世纪。

公元前 9 世纪中叶，腓尼基人在莱万特进行扩张的过程中与亚述人发生了冲突，他们的家乡推罗、西顿和比布鲁斯都被入侵者征服，这迫使腓尼基人的生活发生了转变。波斯人和亚历山大大帝也先后在公元前 6 世纪和公元前 4 世纪征服了腓尼基。此后它先是成为塞琉古王朝的一部分，之后又被并入罗马帝国。

在欧洲西部，腓尼基人将他们的统治地位维系到了公元前 6 世纪，之后他们被迦太基人取代。加的斯这个由腓尼基人建立的城市渐渐发展成了地中海西部地区新的贸易中心。尽管腓尼基人在政治和经济上的影响已消失，但在迦太基人的统治下，腓尼基人的文化传统仍然得以保留下来。腓尼基时代之后迎来了布匿时代，“布匿”是迦太基人的对手罗马人对他们的称呼。这证实了迦太基人与腓尼基人在历史和文化方面存在千丝万缕的联系，因为在拉丁语中，“布匿”就是“腓尼基人”之意。

地中海那一岸的家园
——希腊大殖民时代的移民潮

柏拉图曾经形容古希腊人就像“居住在池塘周围的青蛙”，这可谓非常形象和贴切的一种描述。“青蛙”指的便是公元前 750 年—前 500 年期间，远离家园、定居异乡的希腊人。“池塘”既指地中海地区，也指黑海地区，这两个区域当时都属于希腊。

大殖民的过程并不是现代意义上的殖民，它并不涉及帝国主义和以战争或征服为目的的侵略，也不存在中央集权式的统治。它更多的是一种希腊本土一些城市的人口外移现象，这些城市的部分居民出于各种原因离开家乡，来到他乡寻找新的生活机会。

大殖民所反映的已经是历史上希腊人的第二次移民浪潮。迈锡尼文明在公元前 12 世纪解体之后，多利亚人和爱奥尼亚人就曾移居到爱琴海岛屿和小亚细亚西海岸。那次移民潮始于黑暗时代之后形成的城邦，并在公元前 8 世纪结束。每一个城邦都是一个独立的政治单位，包括城市中心和围绕中心主要进行农业生产的周边区域。每一个城邦都有自己的政府、法律、货币和日历。历史上一共产生过 700 多个这样的城邦。

城邦中数以千计的人口不断涌向遥远、陌生的海外领地。原因有很多，其中一个重要原因是人口迅速增长，狭小的城邦无法再为持续增长的人口提供充足的食品和其他资源。另外，政治和

> 希腊人在地中海地区的扩张。

斯基泰人
奥尔比亚
佩博雷人
喀尔巴阡山
陶里人
多瑙河
黑 海
巴尔干
帕夫拉戈尼亚人
萨姆松
色雷斯人
拜占庭
亚美尼亚人
卡帕多西亚人
特洛伊
安卡拉
密细亚人
弗里吉亚人
爱琴海
托罗斯山
帕加马
幼发拉底河
吕底亚人
美索不达米亚
以弗所
雅典
奇里乞亚人
米利都
卡里亚人
潘菲利亚人
托罗斯山
吕基底人
基克拉迪群岛
罗得岛
叙利亚人
克诺索斯
塞浦路斯
叙利亚沙漠
比布鲁斯
西顿
大马士革
推罗
海
腓尼基人
耶路撒冷
死海
阿拉伯人
亚历山大港
利比亚人
诺克拉提斯
佩特拉
埃及人
孟斐斯
尼罗河

> 古希腊人和古罗马人使用的三层桨座战船。经过手工着色的 19 世纪插图，复制品。

社会的动荡也是原因之一。当然，还有一些人单纯是因为渴望实现冒险和寻找财富的梦想离开家园，奔赴外面的世界。

古希腊人寻找新家园的旅程全部以船只为出行工具，所以，当人们还不清楚目的地究竟在哪里时，有一点始终是确定的，那就是一定要到达海岸线上的某个地方——那里有港口，能提供安全的据点，还有足够的饮用水。船上通常有 200 多名移民，并且会有一名首领带队。首领的职责除了指引航向，更重要的在于到达目的地后，管理、安排移民的生活。妇女通常不会同行，她们大多在男性移民在新家园安顿好之后到达。男性也可能娶当地女性为妻。

马赛这个城市的历史传说就和上述第二种情况有关。公元前 600 年左右，这个法国南部的城市由来自小亚细亚的希腊移民建立。据说这些移民到达此地时，凯尔特国王正在为他的女儿选婿，所有有结婚意愿的凯尔特男子都在这一天来到了选婿现场，公主却偏偏心仪希腊移民的首领普罗提斯。婚后这对新人一同建立了新城马赛。这个故事自然有虚构的成分，但它真实地反映出当时希腊移民与当地人之间的密切往来。

希腊移民新建立的城市在政治上独立于家乡城市，但在人际交往和社会关系上与后者存在紧密联系。另外在宗教方面，两者也有很多共同点——为了在异乡找到家乡的感觉，人们把以前信奉的主神带到异乡，并在非常显眼的地方为主神建造庙宇。这些新建的庙宇往往比家乡的庙宇更加雄伟壮观，因为在新建立的城市里存在着政治竞争，希腊人希望通过吸引人眼球的建筑来增强竞争力。

在第一代定居者中，财产和土地都是平均分配的，所以希腊移民城市都呈现出非常规则的布局。在这些城市中，公共建筑大多位于中心区域，住宅区、工匠作坊和庄园则位于外围区域。随

> 位于帕埃斯图姆，令人印象深刻的赫拉神庙。根据绘画制成的木刻版画，约瑟夫·布尔曼所作，1879 年。

着越来越多的移民从家乡来到这里，原先的布局被渐渐打破。新移民往往只能在城市边缘获得面积较小的土地，那些最初到来的开拓者的后代则成为地主，同时也是政治上的贵族。

大殖民开始于公元前 770 年的伊斯基亚岛，当时希腊人在那里建立了匹德库塞。在最早的殖民地开发的过程中，人们总是倾向于把海岛作为基地，然后以此为据点探索大陆地区，如果发现大陆条件适宜，则会在那里定居。不过由于火山爆发和地震，希腊人很快便离开了伊斯基亚。

在大殖民过程中，意大利南部也是很受欢迎的定居地区。这一地区包括坎帕尼亚、普利亚和卡拉布里亚等辖区，被希腊人称为“Megale Hellas”，意思是“伟大的希腊”。罗马人接受了这

> 在西西里岛附近的奥迪加岛上修建的阿波罗神庙，历史上曾是锡拉库萨的中心。

一名称。公元前 8 世纪，希腊人还在塔兰托湾建立了锡巴里斯和克罗顿。萨土洛由斯巴达人在公元前 706 年建立，斯巴达人也因此在大殖民过程中占有一席之地。公元前 7 世纪，建成了梅塔庞通；公元前 6 世纪，建成了波塞多尼亚，也叫帕埃斯图姆，这里的庙宇至今依然雄伟壮观。波塞多尼亚并非由来自小亚细亚的希腊人建成，相反，很可能锡巴里斯人才是它的建造者。这并非偶然现象，因为当一个殖民城市在经济上取得成功之后，便很容易孕育子城市。

人们希望子城市能够带来更多的经济利益，除了贸易方面，还包括农业方面。今天的大城市那不勒斯曾经就是这样一个子城市。它是由库米和锡拉库萨的居民于公元前 680 年在维苏威火山脚下共同建立的一个定居点，并被命名为“Neapolis”，意思是“新城”。

大殖民的另一个重心位于西西里岛，人们很快发现了这里的战略意义和商贸意义。早在公元前 735 年，西西里岛东部就建成了纳克索斯，建立这座城市的希腊人来自基克拉迪群岛的一个同名岛屿。仅仅一年之后，便有来自科林斯的移民到达锡拉库萨。当时，科林斯已经成为希腊城邦中的贸易强国。建立锡拉库萨之时，人们首要考虑的也是经济因素。在接下来的数个世纪里，锡拉库萨确实发展为地中海西部的繁荣都市，也是古希腊时期重要的大都市。随着塞利努斯、阿克拉加斯以及杰拉等其他重要城市的建成，西西里岛的城市化进程宣告结束。

在更远的西部，马赛人建成了尼凯（如今的尼斯）和安提波里斯（如今的安提布）这两座港口城市。公元前 6 世纪之后，希腊的影响范围甚至延伸至西班牙，来自马赛的菲西人在加泰罗尼亚建立了恩波利翁（如今的安普利亚斯）。

> 位于米利都的古希腊时期的剧场。

在地中海东部地区，新城市的建立却没有这般顺利。小亚细亚西海岸的港口已经被占领，因为早在公元前 10 世纪之初，希腊移民就来到米利都和普里埃内这些城市定居。中东海岸同样如此，先后被腓尼基人、亚述人、巴比伦人和波斯人统治。此外，北非东部也建立了两个重要的城市：一个是公元前 631 年，来自锡拉（圣托里尼岛）的移民在利比亚东部建成的昔兰尼，这些移民由于家乡发生严重的饥荒而逃离；另一个是诺克拉提斯，这个位于尼罗河三角洲的城市大约在公元前 650 年由米利都人建成。

米利都毫无疑问是最为活跃的创始者之城。它进行城市扩张主要出于商业目的。这里是伟大的自然哲学家泰勒斯的家乡。它不仅

仅是文化和科学之城，更是贸易与金融之城。这里的精明商人搭建了一张巨大的国际贸易关系网。他们还建立了大量分支机构，从埃及至克里米亚，尤其是黑海周边地区，被他们牢牢掌握在手中。米利都人参与建设了 60 多座城市，他们的经济网络包括许多重要的定居点，例如锡诺帕、萨姆松和今天位于乌克兰的奥尔比亚。

公元前 6 世纪末，大殖民浪潮开始消退。希腊人的领地被瓜分，有利可图的地区都已被占领。这导致希腊文化开始向东方以及西方传播，欧洲深受这一文化的影响。今天我们不论在希腊，在意大利、西西里岛、法国，还是在西班牙，都能在考古发现中一次又一次与古希腊的辉煌遗迹相遇。

意大利最早的高级文明
——贸易高手伊特鲁里亚人

除了腓尼基人、迦太基人和希腊人之外，伊特鲁里亚人同样是地中海地区的贸易高手。长久以来，他们在利润丰厚的贸易市场中有着举足轻重的地位。

直到今天，伊特鲁里亚人仍然拥有神秘的光环。主要原因在于，他们虽然拥有自己的文字，但这一文字至今没能被完全破译，我们无法获取关于他们的历史与文化的详细信息。但毋庸置疑，伊特鲁里亚文明是地中海地区最早、最重要的高级文明之一。

伊特鲁里亚人的家乡位于意大利，准确来说在南部的台伯河和北部的阿尔诺河之间，也就是今天的托斯卡纳地区。托斯卡纳这一名称的由来也与伊特鲁里亚人直接相关。公元前 9 世纪—前 5 世纪，他们在这片土地上经历了鼎盛时代，他们在意大利语中被称为“托斯”。希腊人称他们为第勒尼安人，这说明他们来自第勒尼安海——地中海西部属于意大利的那片海域，伊特鲁里亚人的船只在 2500 年前就在这里航行。

伊特鲁里亚人在罗马人之前便创造了高级文明。他们居住在城市中，精通金属加工，敬奉神灵，具有商贸知识。很久之前，人们对于伊特鲁里亚人的起源就颇有争议。一些人认为他们来自爱琴海地区或者小亚细亚，另一些人认为他们从一开始就居住在意大利。事实上，伊特鲁里亚人原本并非一个封闭的民族。他们的文化是不同民族相互交流的产物，这些民族部分来自地中海东部地区，部分来自意大利本土。由于他们的文化部分从属于先进的中东文化和安纳托利亚文化，因此，伊特鲁里亚人的文化大大领先于意大利其他民族和部落。

在政治上，伊特鲁里亚人从未有过统一的国家。他们采用的是各个城邦独立、分治的模式。其中较强大的城邦，例如丘西、波普罗尼亚和塔尔奎尼亚等，共同组成了一个包含 12 个城市的联邦。这个联邦主要在文化方面发挥作用，而非军事方面。例如，在沃尔泰拉，人们统一信奉维歌亚女神。这些城邦由国王统治，国王通常会由一名强势的贵族辅佐。在颇具规模的墓地上屹立着的雄伟墓碑展示了伊特鲁里亚上层阶级的影响力及财富。公元前 7 世纪和前 6 世纪之间，伊特鲁里亚人开始从他们祖先的定居点向南、北方扩散。在北方，他们与凯尔特人发生冲突，并将其击退至波河平原。在南部，伊特鲁里亚人的影响扩展到了坎帕尼亚。后来被维苏威火山摧毁的历史名城庞贝也曾在伊特鲁里亚人扩张时期受其统治。

伊特鲁里亚人可以说是后来成为世界之都的罗马城的真正创建者。传统的记载中，罗马城创建的日期是公元前 753 年 4 月 21 日，这与罗慕路斯和雷穆斯这对双胞胎的故事有关。但当时的罗马并非一个重要城市，只是牧民和农民的居住地，人口主要来自拉齐奥。从公元前 7 世纪起，伊特鲁里亚对罗马的影响变得引人注目。伊特鲁里亚王朝接管了罗马城，有关卢修斯·塔克文·普里斯库斯、塞尔维乌斯·图利乌斯和卢修斯·塔克文·苏佩布三位罗马君主的传说讲述的就是这段历史。至于这些君主是否真实存在过，我们无从知晓。但毋庸置疑，在这些君主的统治下，

> 地中海地区各民族分布图。

斯基泰人
奥尔比亚
喀尔巴阡山
黑 海
色雷斯人
爱奥尼亚人
吕底亚人
莱斯博斯
库米
以弗所
米利都
托罗斯山
奇里乞亚人
雅典
科林斯
奥林匹亚
斯巴达
罗得岛
奥尼亚海
塞浦路斯
比布鲁斯
西顿
推罗
克里特岛
地 中 海
昔兰尼
诺克拉提斯
利比亚
埃及人
孟斐斯

伊特鲁里亚人的文字

伊特鲁里亚人的文字是在意大利南部的希腊移民影响下形成的，并加入了适合他们自身语言的音节。但由于人们至今没有在其他地方发现与这种语言相对应的语言，所以始终没能破译它——尽管掌握了 9000 篇用该语言写作的文本，其中大部分内容与宗教和祭祀有关。由于其中使用了公式化的语言，我们对伊特鲁里亚词汇的了解还非常有限。就如同伊特鲁里亚文字源自希腊文一样，拉丁字母是罗马人从伊特鲁里亚人那里学来的。学会了拉丁文的人，也就学会了罗马版的经伊特鲁里亚人改编的希腊字母。

> 用伊特鲁里亚文记载的葬礼礼仪，公元前 5 世纪。

罗马确实从一个不起眼的定居点成为一个拥有广场、市场、商店、庙宇和大型住宅的繁荣城市。伊特鲁里亚人给罗马的政治、经济和宗教都带来了深远的影响，他们在技术方面也处于领先地位。伊特鲁里亚人工程技术的杰出代表作当属台伯河防洪区的排水工程和马克西玛下水道。罗马人后来的很多仪式，例如凯旋式游行等，也与伊特鲁里亚人的活动有关。

据史料记载，伊特鲁里亚人对罗马的统治结束于公元前509年，即最后一位国王塔克文·苏佩布垮台之时。不过这一切的结束并不像传说中描述的那么富有戏剧性。伊特鲁里亚国王并没有被推翻，而是逐渐失去权力，于是，王国渐渐转变为受贵族统治的共和国。当然，伊特鲁里亚人也没有彻底从罗马版图中消失。相反，他们和拉丁民族精英阶层、移民家庭以及周边地区的部落一起，形成了一个富有活力的上层阶级，并在接下来的数十年甚至数个世纪里，共同创造了“罗马世界帝国”的成功。

伊特鲁里亚人不仅拥有政治潜力，还拥有巨额财富。这一方面归功于古代托斯卡纳地区丰富的自然资源，另一方面归功于他们广泛的商贸活动。在意大利，他们从广茂森林和第勒尼安海盐田中获利颇丰。在农业方面，他们引进了犁，改进了耕作方法，大大提高了效率。此外，厄尔巴岛上的金属资源也值得一提。

那里的铁矿石经海路被运送到波普洛尼亚冶炼，铁可用于本国的武器制造，也可用于出口。考古发现证实，伊特鲁里亚人的贸易范围相当广泛。他们从北欧购买的

> 最后一位伊特鲁里亚罗马国王卢修斯 · 塔克文 · 苏佩布。利维欧 · 梅修斯创作于 1665 年—1675 年。

> 伊特鲁里亚人的分布区域和影响范围。

> 罗马独裁者马库斯·弗里乌斯·卡米卢斯在公元前 396 年征服了伊特鲁里亚城市维基。根据 W. 戴姆林的绘画创作的木版画，1862 年。

琥珀和从地中海东部地区购买的由金、银和象牙制成的奢侈品，成为富人和权贵家中的必备品。

大城市的商业精英试图将西地中海变成伊特鲁里亚海。但在这一区域，他们必须面对来自迦太基人和希腊人的挑战。这场激烈的竞争引发了一系列海上战争，在这些战争中，伊特亚鲁里人也难免遭遇失败。公元前 540 年左右，他们在科西嘉岛海岸的阿拉利亚和迦太基人一起对抗希腊人，这些希腊人来自海上贸易的中心城市。拥有 120 艘战舰的伊特鲁里亚与腓尼基联盟大获全胜。这次战争导致贸易区被重新划分：科西嘉岛被划给伊特鲁里亚人，撒丁岛被划给迦太基人。

战后的和平局面并没持续太久。公元前 474 年，伊特鲁里亚人和强大的锡拉库萨人在库迈发生海战，作为旁观者的西西里岛的希腊人自然是坐收其利。公元前 435 年，在波普洛尼亚和厄尔巴岛之间的水域，伊特鲁里亚人与锡拉库萨人交战，再次战败。这场战争不仅在经济上严重削弱了伊特鲁里亚人的实力，也严重影响了他们的政治和军事地位。可以说，公元前 5 世纪是伊特鲁里亚人在贸易领域的重要地位总体下滑的时期。随着伊特鲁里亚人海上影响力的消退，他们在大陆上的优势地位日益下滑。这主要由于罗马人的崛起，伊特鲁里亚王子曾在两个世纪前为他们重建家园提供了帮助。罗马人崛起的标志性事件发生在公元前 396 年，这一年，他们经过长期的征战，占领并摧毁了伊特鲁里亚城市维爱。从此以后，那些有着辉煌过往的伊特鲁里亚城市逐步被来自台伯河的新势力统治。这意味着伊特鲁里亚人的时代走向终结，他们成了罗马时代的一部分。

直到 1 世纪，伊特鲁里亚人对罗马的发展做出的贡献才得到认可。41 年—54 年在位的罗马皇帝克劳狄乌斯编撰了长达 20 卷的《伊特鲁里亚史》，可惜这部作品未能流传下来。

第二章

刀光剑影：那些陷入战争中的帝国

希波战争
伯罗奔尼撒战争
亚历山大大帝和他的帝国
继承人战争与希腊化王国
罗马与迦太基
从罗马共和国到罗马帝国

> 亚历山大大帝征服周边，建立了一个庞大的帝国，并将希腊文化传播到古代世界最遥远的地方。他建立帝国的初衷是对波斯人复仇。壁画描绘了公元前 333 年亚历山大大帝在伊苏斯战役中首次与波斯皇帝大流士三世交战的场景。参照斐洛克塞诺斯公元前 4 世纪创作的希腊绘画的镶嵌图，该画位于庞贝城的农牧神之家。

波斯人的复仇之战
——希波战争

公元前 6 世纪，波斯人在极短的时间内在亚洲建立了伟大的帝国，帝国创始人是阿契美尼德王朝的居鲁士二世。在他的统治下，波斯人从波斯湾出发，征服了中东的大部分地区。

公元前 546 年，波斯人征服了克洛伊索斯国王统治的吕底亚王国，七年后又征服了享有盛名的巴比伦王国。公元前 530 年，居鲁士二世去世以后，在其继任者的带领下，波斯人的军事连胜并未结束。皇帝冈比西斯二世在公元前 525 年率兵征服了埃及。之后的大流士一世在首都波斯波利斯执政长达 35 年。在此期间，他将东部边境扩展至印度河流域。此外，波斯人还向欧洲进军，取得了对色雷斯和马其顿的控制权。

波斯人不仅善于征战，还善于治理征服的土地。他们设计了现代化的管理模式，将国家分为多个省份，并在各省之间修建畅通的道路。在统治民众方面，他们采取了宽松的管理之道，尤其是在宗教信仰方面。皇帝本人是绝对的统治者，波斯王国的宫廷礼仪尤为著名：任何人接近皇帝，都必须严格完成整套宫廷礼仪，臣服在他的脚下。

吕底亚被征服之后，小亚细亚西海岸的希腊城市也接连被波斯人攻陷。为了夺回主权，他们于公元前 500 年在重要的港口城

克洛伊索斯国王

时至今日，“克洛伊索斯”这个名字还象征着财富。这一象征的历史原型便是统治吕底亚王国的希腊人克洛伊索斯国王。克洛伊索斯在公元前560年—前547年统治着这个国家。他的财富来源于开采矿藏以及从黑海地区进口黄金。他还经常对外发动战争，并将吕底亚王国的疆域向东扩展至哈里斯河。在克洛伊索斯率领吕底亚人扩张之后，克洛伊索斯王朝开始从鼎盛走向没落。最终，吕底亚王国首都萨迪斯被波斯人攻陷，克洛伊索斯倒台，前途未卜。一个如此强大而富有的君王突然垮台，使得克洛伊索斯成为古希腊时期悲剧君主的典型代表。而他在战前对神谕的错误解读同样成为广为流传的典故，神谕说：“如果你越过哈里斯河，你将摧毁一个伟大的国家。”克洛伊索斯天真地认为，这个国家指的是波斯帝国，殊不知指的是他自己的王国。

> 克洛伊索斯时代的一块金牌（公元前560年—前547年）。

马其顿
利基迪季
伊庇鲁斯
克基拉岛
萨利亚
安布拉西亚
爱 奥 尼 亚 海
伊莱卡岛
阿卡纳尼亚
温泉关平原
前480
前480
埃托利亚
波提恩
前479
普拉提亚
法勒尼亚
亚该亚
科林斯
前480
伊利斯
萨拉米斯
扎金索斯岛
阿卡迪亚
伯罗奔尼撒
美塞尼亚
斯巴达
基西拉岛
波斯地区
波斯附属地
中立国或者对波斯人友好的国家
反对波斯人的盟国
爱奥尼亚起义地区
大提士和阿尔塔费尼斯率领的军队
薛西斯舰队（公元前 480 年）
薛西斯陆军军队（公元前 480 年）

> 波斯战争示意图。

雷斯
拉
普洛彭提斯
阿庇多斯
弗里吉亚
密细亚
莱斯博斯
伊奥利亚
波斯帝国
琴 海
库米
吕底亚
萨第斯
爱奥尼亚
以弗所
米卡尔
前479
前494
米利都
拉迪
卡里亚
提洛岛
迪
罗得岛
克 里 特 海
岛
0
50
100
150 km

> 薛西斯一世的形象被刻在波斯波利斯大流士宫的一件浮雕上。此画为复制品。

市米利都发起了“爱奥尼亚起义”。

六年后，战争结束，波斯人取得胜利。作为对希腊人的惩罚，他们彻底摧毁了米利都这座城市。在希腊本土，只有雅典和埃雷特里亚为起义军提供了援助。波斯皇帝大流士一世便以这一事件为由，向爱琴海另一边的希腊人发起进攻。

公元前 490 年，大流士一世派达提斯和阿塔菲尼斯率领舰队奔赴阿提卡，旨在从军事上好好教训一下希腊人，不想波斯军队在马拉松战役中溃败。面对米提亚德率领的斗志昂扬的封闭方阵军队，波斯弓箭手完全无计可施。最终，6000 余名波斯战士战死沙场，希腊军队只有 192 名战士阵亡。直到今天，昔日的战场还立着一座坟冢，向世人讲述着希腊人昔日的辉煌战绩。

从波斯皇帝的角度来看，这场溃败后，他需要复仇。尽管对疆域已经覆盖埃及和印度的超级大国而言，这次战败不过是一次无足轻重的边缘事件。但是，马拉松战役的失败是军事上无能的体现，这与阿契美尼德王朝自克洛伊索斯时代以来建立的战无不胜的形象不相符。当然，从国家内部来看，皇帝也有理由为这次战败报仇雪恨。尽管皇帝在波斯国内享有崇高的地位，却不得不时刻面对一位强势贵族的挑战。为了清除这一威胁，皇帝需要拿出外交方面的成就来证明自己的实力。

于是，他订立了远征希腊的大计划。后来，大流士一世过世，他的儿子薛西斯于公元前486年继位，经过旷日持久的准备，终于迎来出征的时刻：公元前480年，古代战争史上最强大的一支军队终于从波斯国出发，向希腊进发。

这支波斯军队有整整10万军人。和10年前大流士一世坐镇皇宫远程指挥的马拉松战役不同，此次薛西斯一世亲自上阵发号施令。征服希腊的计划也出自他本人。波斯人想从北方出发，海陆联合发起进攻。公元前480年春，波斯军队跨越达达尼尔海峡，由此拉开了战争的序幕。

波斯人发起进攻的消息传来，希腊立即进入警戒状态。千钧一发之际，雅典决定联手他们的宿敌斯巴达，形成防守联盟。斯巴达人向来善于征战，他们的后代自年少时就开始接受军事训练。斯巴达是希腊诸城邦中当之无愧的头号军事强国。

温泉关在波斯人的此次进攻中有着重要的战略意义。这道“热门”是位于希腊中部山脉与海岸之间的狭窄通道，是一处神奇之地。公元前480年，在这个地方，斯巴达国王列奥尼达一世仅率

马拉松长跑的传奇

据说，公元前 490 年，雅典人在马拉松战胜波斯人之后，发生了这样一幕：一名战士跑了 40 多千米回到雅典，来到广场，奄奄一息地说出“我们胜利了”，之后便气绝身亡。这当然并非真实事件，但历史上的确有过这么一位“马拉松选手”，不过他不是从马拉松平原跑回雅典，而是从雅典跑到斯巴达，因为他想要在波斯人打过来之前去那里寻求支援。马拉松战役结束之后，不是个别的雅典战士跑回城里，而是曾在马拉松平原战胜波斯人的整个方阵的战士都跑回了城里。因为获胜的波斯人驾驶着舰船在苏尼翁角徘徊，想要控制雅典。可是战士们奔跑的速度比船快，他们在波斯人抵达比雷埃夫斯港前抢先回城，做好了防御准备。波斯人最终只得撤退。

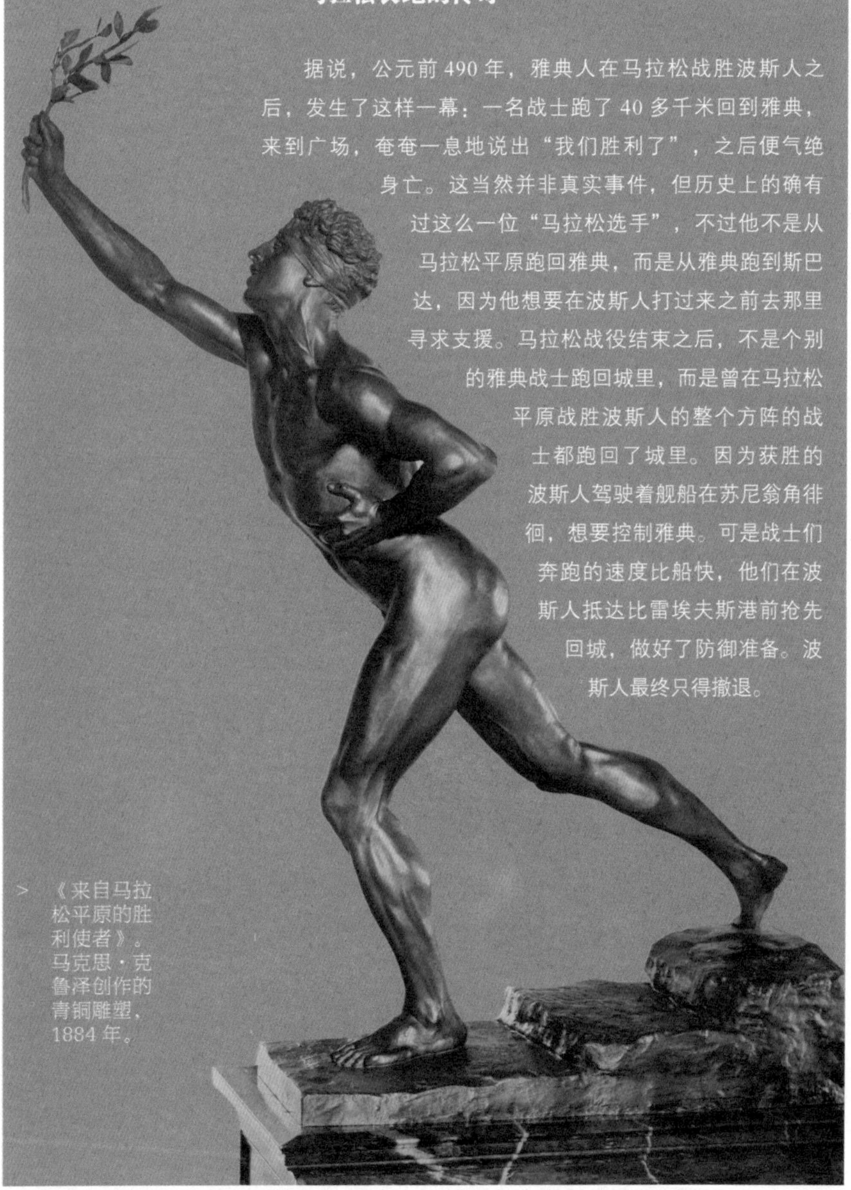

> 《来自马拉松平原的胜利使者》。马克思·克鲁泽创作的青铜雕塑，1884 年。

> 温泉关战场上树立的斯巴达国王列奥尼达一世的青铜雕像。G.多斯马尼斯创作于1955年。

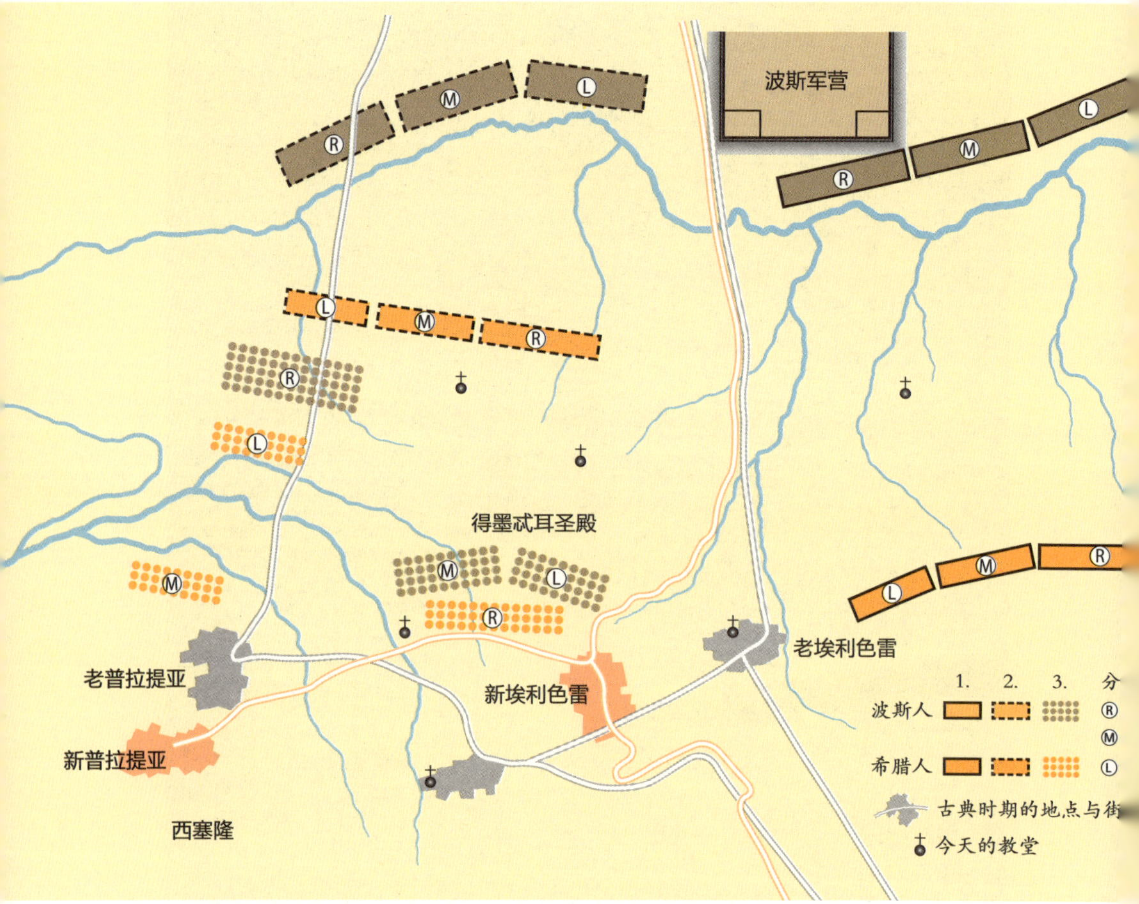

> 公元前 479 年普拉提亚附近的军队分布。在普拉提亚的战役中，希腊人取得了决定性的胜利。

领数千名士兵（其中包括 300 名斯巴达精英战士），竟然成功阻截了 10 万波斯大军的进攻。希腊人原本可以借此机会做好充分的应战准备，可波斯人最终通过收买叛徒，冲破封锁。列奥尼达一世和他的战士们全部战死。与此同时，波斯人在阿尔忒弥山附近击败了一支希腊舰队，所以波斯皇帝可以率领大军一路畅通地向南挺进。希腊人后来在温泉关为逝去的战士修建了墓碑。诗人西蒙尼德斯负责撰写墓志铭，席勒对这一墓志铭的德语翻译早已成为被反复引用的经典：“过客啊，请带话给斯巴达人，说我们忠实地履行了诺言，长眠在这里。”

不久之后，波斯人就来到雅典城下。有远见的统治者早已把市民安置到别处。城里的男女老幼都撤到萨拉米斯岛或者其他安全的地方。薛西斯一世到达雅典后的第一件事情便是掠夺和破坏，尤其是破坏雅典卫城：代表性的山丘上的所有建筑全部被毁，无一幸免。波斯人开战的官方理由是，这是他们对雅典人在爱奥尼亚起义中为小亚细亚的希腊人提供援助进行的报复。

波斯人本以为，希腊人尤其是雅典人面对这样的情形一定无计可施，没有料到，同样有雄心壮志，而且极富远见的希腊政治家特米斯托克利早就投资建造了一艘战斗力极强的战舰。

公元前480年，在阿提卡海域的萨拉米斯岛发生的海战中，薛西斯一世满以为胜券在握，事先在山上架设王座，好让他居高临下，坐观战局。不料他看到的竟是希腊人大获全胜，因为在狭窄的海湾中，希腊人的战舰远胜于波斯人的战舰。经过12个小时的交战，波斯人全面溃败。

希腊人与波斯人之间的战争并没有因此停息。薛西斯一世带着惨败的舰队回到了小亚细亚，却命令马尔多尼奥斯将军率陆军继续留守在希腊，并计划在来年春天给希腊人致命的一击。但再次事与愿违。在斯巴达国王普萨尼亚斯的率领下，希腊军队在普拉提亚的战斗中大获全胜。希腊人认为这次的胜利得益于诸神相助，于是给德尔斐的阿波罗神庙捐赠了一座带有三重蛇形柱的黄金三角祭坛。这个祭坛后来被罗马帝国的君士坦丁大帝带到新首都君士坦丁堡（今伊斯坦布尔）。今天我们仍然可以欣赏到这座饱经岁月洗礼的祭坛。

希波战争的最后一役于公元前 479 年发生在小亚细亚的米卡尔海角。波斯海陆联军的残余力量被斯巴达人和雅典人率领的希腊联军击败，波斯人把势力范围扩大至欧洲的梦想终成泡影，希腊人举国欢庆。历史学家希罗多德将这次胜利描述为自由的希腊对专制的东方取得的胜利。

不过现实并没有那么乐观。在危机面前团结一致的希腊联军在度过危机后，很快又成为一盘散沙。雅典人依仗强大的海军力量，试图跟斯巴达人争夺对希腊的控制权，双方关系日益紧张。最初引发希波战争的、位于小亚细亚的那些希腊城邦也没能享受多久的自由，它们很快又被波斯人统治。

雅典的陨落
——伯罗奔尼撒战争

就在希腊人战胜波斯人 50 年之后，希腊国内发生了旷日持久的军事冲突，这就是后来载入史册的伯罗奔尼撒战争，战争的一方是斯巴达人，另一方是雅典人及其盟军。

至于战争原因，历史学家修昔底德早就有了清醒的认识：雅典作为新兴势力日益强大，迫使当时的强者——斯巴达以战争手段应对。伯罗奔尼撒战争是一场影响深远的古代大战，尽管当时的参战方都没有蓄意发动战争。

这场战争的爆发与希波战争结束有着直接关系。在波斯人入侵之前，斯巴达在希腊是无可争议的霸主。斯巴达的霸主地位依仗的是强大的军事实力和对伯罗奔尼撒半岛的绝对统治。在希波战争中，雅典的地位得到了实质性的提升。雅典人确实有理由认为，击退波斯人的进攻主要归功于他们的战舰。

公元前 478 年，以雅典为首的一些城邦成立了提洛同盟，这一名称的由来是他们将金库设在提洛岛，同盟由雅典人领导。同盟成立之初的理念是：同盟内各个城邦地位平等，共同保护希腊本土和岛屿不受波斯人侵略。渐渐地，越来越多的城邦加入这个同盟。到公元前 5 世纪中期，提洛同盟已经拥有 200 多个成员。每个成员需要向同盟“财政部”缴纳规定的费用，或者也可以像

那不勒斯
亚得里亚海
第勒尼安海
爱奥尼亚海
克基拉岛
开法勒尼亚
锡拉库萨
地中海
雅典和同盟军
斯巴达和同盟军
中立的希腊国家
雅典和同盟军公元前 431 年—前 421 年间的征战
雅典和同盟军公元前 416 年—前 404 年间的征战
斯巴达和同盟军公元前 431 年—前 421 年间的征战
斯巴达和同盟军公元前 416 年—前 404 年间的征战

> 伯罗奔尼撒战争示意图。

色雷斯
拜占庭
普洛彭提斯
前421
安菲波利斯
哈利基迪季
前405
阿哥斯波塔米
弗里吉亚
爱琴海
莱斯博斯
帕加马
波斯帝国
前406
阿吉努萨
吕底亚
弗提奥提斯
优卑亚
波提恩
前407
依琼
以弗所
科林斯
米利都
卡里亚
斯巴达
拉科尼亚
科斯岛
罗得岛
基西拉岛
克里特海
克里特岛
0
50
100
150 km

富裕岛国萨摩斯那样，以捐献船只的形式来代替缴费。提洛同盟的行政机关是联邦议会。

但在不久之后，雅典人的态度引起了盟友的不满。这些盟友感到自己没有被平等对待，而是被雅典人视为下级。事实上，雅典人的确越来越不关心盟友们的利益，只把联盟看作自己的权力工具。公元前 449 年，联盟与波斯签署协议，波斯帝国在协议中确保了小亚细亚的希腊诸城邦的独立性。许多盟国认为这标志着同盟目标的实现。但是雅典人不允许盟友退出提洛同盟。谁要是提出不愿继续参加提洛联盟，谁就会受到严厉的制裁。制裁措施包括收缴船只、支付赔偿金、拆除城墙以及接受来自阿提卡的殖

雅典卫城的修建

每个古希腊城邦都有一个“上城”，也就是希腊语中所说的“卫城”。这里通常用来存放最重要的圣物。公元前 5 世纪，雅典卫城里建造了非常宏伟的建筑，它的遗迹直至今天都令人叹为观止：卫城山门、帕特农神庙、伊瑞克提翁神庙和埃雷赫修神庙。雅典卫城的建筑在公元前 480 年波斯人入侵时被摧毁。大约 30 年后，伯里克利下令重建，他认为新建筑应该象征雅典民主的伟大。成千上万的工人参与了这项工程，建筑用到的珍贵材料来自各个地方。伯里克利任命著名艺术家菲狄亚斯担任总监。其中的杰作当属帕特农神庙，里面有 12 米高的雅典娜黄金雕像。

民者。此外，其他盟友也开始抱怨雅典对自身主权的严重干涉。他们被强制使用雅典的硬币、度量衡，自治权受到极大破坏。

公元前454年，联盟金库从提洛岛迁往雅典，这使得其他盟国的不满情绪上升至顶点。雅典对外宣称，这样做是为了防范波斯人的侵夺，但事实上根本不存在这样的威胁。雅典的当权者不过是想借此独揽财政大权。联盟金库搬家后被安置在雅典卫城的帕特农神庙。当时的雅典领导人伯里克利一直致力于大规模重建在希波战争中被摧毁的雅典卫城，帕特农神庙就是在这时建成的。

伯里克利甚至直接挪用同盟金库的资金，为雅典卫城的重建提供资金。这一行为遭到了其他盟国的反对，他们认为这违背了联盟成立的初衷。伯里克利对此给出了引人深思的回答："金库的资金不属于缴纳它的人，而是属于拥有它的人——只要他们为所得到的份额做出了相应的贡献。"

雅典在政治和文化两方面都渐渐走向鼎盛，它不仅引起了盟友的不满，也与长期以来的统治者——斯巴达渐行渐远。正如斯巴达人担忧的那样，雅典想要成为希腊城邦的统治者。在伯罗奔尼撒联盟内部，斯巴达也遭受到盟友的胁迫。富有的大城邦科林斯对雅典的海上霸权提出了挑战，并要求斯巴达对此作出回应。

此外，雅典和斯巴达在意识形态方面也存在对立。斯巴达一直采用寡头政治模式：小部分精英决定着城邦的命运，人民拥有极少的发言权。雅典却完全相反：公元前600年，这里就形成了民主的氛围，堪称世界历史上第一个民主社会。崇尚寡头政治的斯巴达人自然感到恐慌，他们担心民主制度会进一步扩散。事实上，雅典人也确实把民主制度作为典范向外输出。当然，他们这么做并非是想通过这种制度为人民带去更多幸福，而是想要借此扩大自己在希腊的影响力。

公元前 431 年，战争终于爆发，这是大家都不希望看到的局面。之前进行的多次外交谈判全部以失败告终，因为斯巴达人受到来自盟友的巨大压力，不肯与雅典人分享权力。他们希望通过战争重新给予受雅典压制的城邦——尤其是提洛同盟的成员——自由和自治的权力，雅典则希望通过战争维持现有的局面。

伯罗奔尼撒战争持续了 27 年。尽管一直以来流传的名称都是“伯罗奔尼撒战争”，但它涉及的地区远远超出了这个范围。几乎整个希腊世界，从小亚细亚到西西里，都卷入了这场战争。战争的第一阶段从公元前 431 年延续到前 421 年，并依照斯巴达军队指挥官的名字被命名为“阿希达穆斯战争”。在这一阶段，斯巴达人有着强烈的攻击性，也掌握了战争的主动权，年年向阿提卡发起袭击。伯里克利令雅典人采取防御策略，避免与斯巴达人直接对抗，并将阿提卡的民众集中到雅典和港口城市比雷埃夫斯的城墙后，斯巴达人在此期间破坏了阿提卡的农田。紧接着，雅典发生了瘟疫，很多人惨死在这场灾难中，他们当中包括伯里克利，这位伟大的政治家在公元前 429 年逝世。他的离世使雅典的战略发生了转变，雅典人由防守转为进攻，并取得了一些胜利，但是没能取得决定性的胜利。

经过十年战争，参战双方决定签署和平协议，并以雅典的谈判代表的名字将协议命名为“尼西阿斯和约”。公元前 421 年—前 415 年被称为和平时期，但这并非真实的情况。因为这期间双方并没有真正想要休战，也没有彻底停止军事冲突。

所以，在经历了六年虚假的和平后，战争再次爆发。战争再次爆发的原因是，雅典舰队大规模入侵西西里岛，目标是富有的

斯巴达人的教育方式

斯巴达人以善于培养下一代而著称。不同于当时希腊社会的普遍做法，斯巴达的统治者甚至对女童进行教育。当然，教育的重点依旧在男童身上，要把他们培养成战斗强国的有用之才。年满 7 岁的男孩在经过严格的体能考核后，便离开父母，进入国家开办的教育机构，在这里，他们要和同龄人一起适应非常艰苦的生活。为了补充原本不足的食物，甚至允许盗窃，但若被抓获，也会受到惩罚。这种教育一直持续到 18 岁。之后他们仍然没有私人生活，而是被安置在共同食宿的军营中。

> 斯巴达青年的体操锻炼。木雕作品，依照菲利普·格罗特汉的绘画作品创作，约 1880 年。

> 斯巴达将军莱山德下令推倒雅典城墙。R. 韦伯扎尔创作的有色粉笔版画，1832 年。

希腊城市锡拉库萨。依照当权政治家阿尔喀比亚德的设想，只要攻下这座富裕之城，便可为进一步攻占地中海西部其他城市扫清道路。这场战争最终以雅典人的失败告终。得到斯巴达人援助的锡拉库萨给了雅典军队致命的回击。雅典士兵要么战死，要么成为俘虏被送往锡拉库萨的矿山，沦为劳工。

雅典人在西西里岛经历的这次失败成为伯罗奔尼撒战争的转折点。雅典这颗明星在这次失败之后开始陨落。在接下来的战争中，战场集中在两个地方，一是小亚细亚西海岸，另一个就是阿提卡。斯巴达人从狄凯里亚堡垒出发，在雅典人的家门口发起了最后的进攻。

伯罗奔尼撒战争结束于公元前404年，雅典人被迫投降。等待他们的是斯巴达将军莱山德开出的苛刻条件：城墙必须推倒，雅典人的舰船要移交给对手，在海外占领的土地必须没收；另外，必须承认斯巴达人的统治。提洛联盟从此解体。由于斯巴达人的要求，雅典的民主制度一度遭到废除，但很快又恢复了。

雅典的伟大时代在伯罗奔尼撒战争失败后宣告结束，斯巴达人赢得了胜利。不过斯巴达人的胜利离不开波斯人在经济上提供的支持。波斯的统治者早已意识到，用金钱比用武器更容易征服希腊，而且他们认为海上强国雅典比陆上强国斯巴达的威胁更大，于是决定支持斯巴达人。

事实上，斯巴达人对新加强的统治地位无所适从。他们既没有方法，也没有经验去有效治理小亚细亚的希腊城邦。随着雅典和斯巴达这两大政治势力的衰退，希腊出现了权力真空。这让先后由腓力二世和亚历山大大帝统治的马其顿帝国在数十年之后有机可乘。

“永做第一的辉煌”
——亚历山大大帝和他的帝国

作为一名统帅，亚历山大大帝取得了前无古人、后无来者的辉煌战绩。历史上没有任何一位将领在更小的年纪、用更短的时间征服过更多的土地。这位出生于公元前 356 年的马其顿国王从家乡佩拉出发向亚洲行军时才 22 岁。他在公元前 331 年和前 325 年先后征服了埃及和印度河流域。公元前 323 年，亚历山大大帝在美索不达米亚的巴比伦去世，时年不到 33 岁。

亚历山大是马其顿国王腓力二世之子。他成功利用了希腊世界在伯罗奔尼撒战争后出现权力真空这一机会。马其顿人在语言上和种族上都与希腊人有亲缘关系，但长久以来，他们在国际政治中都只扮演了观众的角色。在希腊人看来，他们封闭、落后，当希腊城邦早已实现民主或至少寡头政治时，他们还受着国王的统治，并且由一个古老的军事议会来做重大决定。

在其兄去世之后，腓力二世于公元前 359 年登基。因为有强大的军队和丰富的资源做保障，他积极推行向外扩张的外交政策，马其顿很快控制了希腊大部分地区。公元前 338 年，在波奥蒂亚的喀罗尼亚终于爆发了一场决定性的战役。面对由雅典和底比斯领导的希腊城邦联盟军，马其顿军队大获全胜。科林斯同盟的成立标志着希腊自由的终结，这个同盟是腓力二世领导的军事联盟。

公元前336年，腓力二世在女儿的婚礼上惨遭暗杀。他的继任者是20岁的儿子亚历山大。短短两年之后，这位年轻的国王就带兵出征小亚细亚。其实这并非是他一个人的想法。他父亲在位时，为了赢得希腊人的认可，早就宣布过要将小亚细亚的希腊城邦从波斯人的统治下解放出来。这次出征，亚历山大率领了三万名士兵和一名得力随从，他们穿过达达尼尔海峡，来到古老的特洛伊附近，不费吹灰之力就击败了波斯人的军队，为向西海岸的那些希腊城邦进军扫清了道路。亚历山大推翻了波斯人在小亚细亚的统治，建立了自己的王朝。

此次出征的基本目标完成，但亚历山大还有更大的计划。这一年的整个冬季，他都待在安纳托利亚北部的城市戈尔迪乌姆。据说他在这里斩断了一辆献给宙斯的战车的“戈尔迪乌姆之结”（用以连接车辕和车轭）。他这样做是因为一个神谕。神谕称，谁能解开“戈尔迪乌姆之结”，谁就可以统治亚洲。不过亚历山大虽然用剑斩断了“戈尔迪乌姆之结”，却没有用神谕要求的解开的方式。

公元前333年，波斯国王大流士三世在今天的土耳其和叙利亚交界地区的伊苏斯遇上了势不可当的亚历山大的大军。那一刻波斯人才真正认识到亚历山大是一个不可小觑的对手。这一次，他又赢得了胜利。

亚历山大的宏大计划也终于浮出水面，他向波斯人宣战。波斯帝国是当时的超级大国，领土范围东至印度，还雄心勃勃，宣称要征服希腊。

在亚历山大向东行进之前，他绕道来到腓尼基、叙利亚以及巴勒斯坦，最后到达埃及。尼罗河上的这个国家对他有着重要意义。亚历山大想要征服埃及出于以下两个原因。

黑 海
拜占庭
特洛伊
底比斯
雅典
斯巴达
以弗所
弗里吉亚
亚美尼亚
哈利卡那索斯
奇里乞亚
伊苏斯
克里特岛
塞浦路斯
亚历山大港
地 中 海
美索不达米亚
底格里斯河
幼发拉底河
比布鲁斯
西顿
推罗
大马士革
巴比伦
亚历山大港
加沙
死海
孟斐斯
阿拉伯
埃及
红 海
0 200 400 600 km
亚历山大大帝的帝国
亚历山大大帝的征程
涅阿尔豪斯将军的海上线路
（公元前 325 年）
波斯人的国王大道

> 亚历山大大帝的征程。

海
粟特
巴特里亚
兴都库什
德兰基亚纳
阿拉科西亚那
乌克西亚
卡曼尼亚
山大港
波西斯
奥瑞塔尼亚
德罗西亚
斯岛
马克兰

首先，埃及也受波斯人统治，因此征服埃及属于他征服整个波斯帝国计划的一部分。其次，埃及在当时已经被视为神奇国度而美名远扬，亚历山大很想亲眼看到它的真实面目。公元前 332 年，他在古城孟斐斯加冕为法老，表明了他要接管埃及权力的意愿。公元前 331 年，为了保护被征服的地区，他在埃及新建了许多城市，其中包括今天的大都市亚历山大港。他还在锡瓦绿洲参观了阿蒙神的神殿，埃及人认为阿蒙神是他们至高无上的太阳神。他在离开圣殿时宣布，那里的祭司将他视为太阳神之子。这并不是一个玩笑，因为埃及人早已习惯把统治者视为神。

征服埃及之后，亚历山大立即指挥军队继续向东挺进，进入波斯帝国的心脏。公元前 331 年，底格里斯河流域的高加米拉地区爆发了马其顿人与波斯人之间三大战役中的最后一战。亚历山大再一次取得胜利，大流士三世惨败而逃。至此，通往波斯皇帝住所的路障都被清除——首先是苏萨，然后是波斯波利斯、帕萨尔加德和埃克巴塔那。亚历山大下令烧毁了波斯波利斯的雄伟宫殿，据说是为了报复波斯人烧毁雅典卫城。尽管远离家乡，亚历山大也完全可以预料他的战绩对希腊人产生的影响。

事实上，亚历山大此时已是波斯帝国的统治者。然而，合法的皇帝大流士三世还在世。这位不幸的君王逃往帝国东部，希望能在那里重新聚集力量。可是他忘记了波斯民族信奉的准则，那就是统治者有权做很多事情，但无权失败。公元前 330 年，他被一位名叫拜苏的亲戚杀害，谋杀者同时也是大夏的总督。

亚历山大对外宣称，因为拜苏想争夺皇帝头衔，所以他要继续进军波斯东北部。当然这只是一个借口，因为在拜苏去世后，他并没有停下进攻的步伐。恰恰相反，他率领大军穿过大夏、粟特（今阿富汗一带）、库尔德斯坦和乌兹别克斯坦，即使是印度西北的兴都库什山也没能阻挡他前进的步伐。克服一切困难、征服更多疆土已成为这位来自西方的将领的最高目标。

亚历山大在公元前327年迎娶了大夏公主罗克珊娜，表明他开始采用一种特殊的战略。这次联姻说明，在长年征战后，亚历山大不再想通过单纯的军事征战来实现目的，而是更多地利用合作。他还让更多波斯本地人来担任行政和军事部门的职位。但与今天的主流思潮不同，亚历山大这样做的目的并不在于实现文化融合或者西方与东方的共融，他是出于非常实际的目的——他根本没有足够的人手来处理政务，所以只能依靠当地人。同时，这样也让被征服者感到自己被需要。

亚历山大港的建立

公元前331年，亚历山大在埃及建立了亚历山大港。这位来自马其顿的征服者，将城市的位置选在尼罗河西河口、位于地中海和马留提斯湖之间的一处地方。按照亚历山大的设想，这座建在草原上的城市应该具有马其顿国王黄袍的轮廓。他还通过一座大坝将法洛斯岛与陆地连接起来，形成一个双港口。最早来这里定居的居民是退伍军人和周围村庄的农民。亚历山大逝世后，托勒密家族统治了埃及，并且把亚历山大港定为首府。很快，这个城市的人口过了百万大关。据说托勒密抢走亚历山大的遗体后，把遗体带到这座由他建立的城市，但直至今日，人们都未能在这座埃及都市发现亚历山大大帝的坟墓。

在征战的最后阶段，即公元前327年—前325年，亚历山大的身份不再是征服者，而是发现者。他被印度的财富和奇迹，尤其是被“世界的尽头”深深吸引。和同时代的大多数人一样，亚历山大也认为地球就像一个磁盘，被汪洋大海包围着。他想一直向东行

> 亚历山大大帝迎娶大流士三世之女斯妲忒拉二世为妻，这是苏萨集体婚礼的一部分。依据安德鲁斯·穆勒的油画创作的彩色木版画，1870 年。

进，直到看不到陆地的地方。但是，当他们到达印度河时，行进了 1800 千米的士兵们，受连续 40 天季风天气的影响，情绪异常低落，纷纷拒绝继续前进，要求立即返回。

亚历山大带领军队穿过环境极其恶劣的格德罗西亚的沙漠后，又来到了苏萨。他在这里举行了盛大的“苏萨集体婚礼”，再次彰显东西方的和睦相处。他军队中的上万名马其顿士兵都迎娶了当地女子为妻。他娶了罗克珊娜之后，又迎娶大流士三世之女为妻，之后还娶了一位名叫帕瑞萨娣斯的波斯公主。

亚历山大的其他计划，例如前往阿拉伯等，未能实现。公元前 323 年 6 月 10 日，他在巴比伦逝世，年仅 32 岁。他逝世后，罗马的崇拜者给了他“亚历山大大帝”的称号。他用年轻的生命换来了“永做第一”的辉煌。

三分天下
——继承人战争与希腊化王国

亚历山大大帝在公元前 323 年突然病逝，他统治的巨大帝国一时间十分茫然，不知何去何从。国王去世前没有留下任何指示，王室里也没有合适的继位者。在这样的困境中，往日的战友们甚至想要将他的妻子罗克珊娜肚里的孩子立为下一任国王。

当这个名为“亚历山大四世”的孩子降世时，局势又发生了变化。当时爆发了继任者战争，局势动荡，继任者包括亚历山大的将领和随从，这些人都曾和亚历山大一起出征。这场权力斗争持续了数十年，直到公元前 281 年才结束，甚至连继任者的第二代、第三代都参与了这场战争。

这完全是一场关乎权力分配的战争，每一位继任者的目标都是得到亚历山大帝国的统治权。帝国辽阔的疆域覆盖了从希腊到印度的地区。这些继任者昔日在亚历山大的率领下并肩作战，如今各自集结亲信部队，相互对抗。后来，由于各方争夺太过激烈，大家都意识到没有可能维系帝国的完整，于是纷纷放弃了得到整个帝国的想法，转而尽可能地争取最大利益。

因此，继任者们不断在争战中宣布各块领地为己有。公元前 281 年，在安纳托利亚的库鲁佩迪安战役之后，终于尘埃落定。在以前亚历山大统治的领土上，形成了三个大主权国和一些较小的主权国。我们今天将这些新成立的国家笼统称为“希腊化世界”。这一名称由历史学家约翰·古斯塔夫在19世纪首次提出。他选择这一名称，是为了将这一时期和之前的、古希腊史上的“古典”时期区别开来。

三个大主权国包括马其顿、埃及和叙利亚。这三个国家的统治者均为希腊人或者马其顿人的后裔。

这些国家都采用世袭君主制，所以统治权由始至终都被牢牢掌握在王室手中。统治马其顿的家族叫安提柯，其名称来源于继任者安提柯。埃及由托勒密家族统治，它的第一任统治者托勒密曾是亚历山大大帝的亲信。叙利亚和中东其他地区则由塞琉古家族统治，这个家族一直宣称自己为亚历山大大帝立下过汗马功劳。

得到埃及的托勒密家族无疑最幸运。这个尼罗河上的国家曾被胡夫、阿蒙霍特普三世和拉美西斯二世等伟大的法老统治。得益于丰富的资源，这里的经济条件是最好的。埃及还垄断了莎草纸的生产，从中获取丰厚的利润。古希腊、古罗马的大多数文献都书写在莎草纸上，这种纸是用尼罗河三角洲生长的纸莎草制成的。此外，粮食贸易也给埃及带来巨大收益。埃及一直以来都是地中海地区的粮仓，托勒密家族统治这里之后，很好地延续了这一优势。新上任的统治者还沿用了这个国家一直实行的中央集权统治和官僚政治。所有的权力机构都建在亚历山大港。这个亚历山大大帝亲自指挥建成的城市在托勒密家族的统治下，发展成一个有百万人口的大都市。

跟古代法老一样，统治埃及的托勒密家族依旧规定所有土地都属于国王，是国王的私人财产。所以他们绞尽脑汁从土地中获得收益。他们制定出各种名目的苛捐杂税，保证国王的金库始终

> 继承人战争后的希腊化王国。

博斯普鲁斯王国
黑 海
高加索山脉
本都
亚美尼亚
阿特罗帕提斯
瓜嘎玛拉
米哥多尼亚
前331
米底亚
卡帕多西亚
前333
伊索斯
吉亚
奇里乞亚
美索不达米亚
安提阿
幼发拉底河
底格里斯河
塞浦路斯
叙利亚
塞琉西亚
苏萨
巴比伦
西顿
大马士革
推罗
耶路撒冷
加沙
死海
阿拉伯
埃及
斐斯
纳巴特人
东部沙漠
红海

> 亚历山大大帝的遗孀罗克珊娜、她的儿子亚历山大四世和攸米尼斯将军，后者也参与了争夺亚历山大帝国的继任者战争。罗克珊娜和亚历山大四世在继任者战争中被毒杀。油画由帕多瓦尼诺于 1620 年绘制。

充盈。但是事情总有两面性，在这样的制度下，托勒密家族和主要由希腊人与马其顿人组成的统治机构并不受埃及当地民众爱戴。

塞琉古家族获得了亚历山大帝国的最大一块领土。最初，他们的领土除了叙利亚到印度的区域，还包括亚历山大大帝攻占的所有亚洲领地。对塞琉古家族而言，统治一个在种族和文化上如此多样的国家从一开始就非易事。希腊化国王都倾向于在政治、经济和社会方面赋予希腊精英更多的责任和职权，而非信任当地居民。这一倾向在塞琉古家族那里体现得尤为明显，尽管人员紧缺的现实让他们无法完全放弃雇佣当地人才。

这样的局面最终导致了起义，塞琉古王国被进一步摧毁。到公元前 3 世纪末期，其疆域仅仅包括叙利亚、腓尼基和美索不达米亚的核心地区。塞琉古王室先后定都于安提阿（今土耳其东南部的安塔基亚）和底格里斯河上的塞琉西亚。尽管疆域不断缩小，但它在希腊化世界中继续发挥着不可低估的作用。

安提柯家族统治着马其顿和希腊，希腊人从亚历山大时代开始，便以这片土地为出发点，开始逐步攻占亚洲。这个王国与另外两个希腊化国家最大的不同在于，这里的人民从未受过外来国王的统治。从根本上说，安提柯王国的政治体制和腓力二世、亚历山大的时代没有区别，不过马其顿人和希腊人之间的冲突从未间断过。因为希腊人对马其顿人的统治心怀不满，还形成了跨区域的政治联盟，如埃托利亚联盟和阿卡亚联盟，不过这些联盟都不能对马其顿人的统治构成真正威胁。

较小一些但同样重要的王国主要出现在小亚细亚。继任者们都没能在这片土地上建立势力范围，由此产生的权力真空让帕加马王国有机可乘。自公元前 3 世纪上半叶，这个受阿塔利德王朝统治的王国发展成小亚细亚西北部地区在政治和文化上都极其重要的地区。此外，在比提尼亚、本都、卡帕多

> 克利奥帕特拉七世。浮雕画，约公元前 40 年。

西亚和科马基尼也诞生了一些由希腊人和马其顿人统治的王国。在中亚，巴克特里亚王国（今阿富汗）则填补了塞琉古王朝撤退后留下的缺口地带。

直至公元前 3 世纪末，各希腊化王国彼此之间始终处于竞争态势，并且经常发生战争或者边界冲突，塞琉古王朝与托勒密王朝就为争夺叙利亚南部和巴勒斯坦地区发生过战争。由此可见，争夺亚历山大大帝的领土和权力不仅发生在继任者之间，也不可避免地发生在继任者建立的政治稳定的王国之间。

正是这种王国间的冲突，让罗马人能够有机会从公元前 200 年起连续占领希腊化王国——最初被占领的是马其顿（公元前 168 年战败后，马其顿被规划为罗马的行省），然后是塞琉古王国（公元前 64 年），最后是托勒密王朝统治的埃及（公元前 30 年）——其最后一位女王便是举世闻名的埃及艳后克利奥帕特拉七世。对于那些王国的领导者而言，他们宁愿看到对手受压制，也不愿联手对付罗马人，这自然让罗马人坐收渔翁之利。

布匿战争
——罗马与迦太基的对决

罗马与迦太基之间的冲突是希腊罗马时代最严重、影响最深远的大国冲突之一，与此有关的那场战争在历史上被称为“布匿战争”。

之所以被称为“布匿战争”，是因为罗马人将他们的对手称为“布匿人”。这说明罗马人非常清楚对手的来历。尽管迦太基位于北非，在今天的突尼斯，但它其实是在公元前 9 世纪由来自蒂洛斯（今黎巴嫩）的腓尼基水手建立的。因此，我们完全可以将迦太基人称为腓尼基人。

历史上一共发生过三次布匿战争。第一次发生在公元前 264 年—前 241 年。在这之前，双方从未有过真正的冲突，还签署过一些协议。迦太基人是地中海西部地区无可争议的主导力量。这个由贵族领导的北非共和国拥有强大的舰队，牢牢控制着地中海西部的大部分地区。

公元前 4 世纪，同样受贵族统治的罗马共和国发展成为意大利地区的主导势力。罗马制定了一系列完善的规章，规定民众如何缴纳捐税、履行兵役，这样的体系也将共和国和民众紧密联系起来。

和历史上很多大战一样，第一次布匿战争的导火索也是一次地方冲突。一支被坎帕尼亚驱逐的雇佣军占领了西西里岛的墨西

> 第一次布匿战争和第二次布匿战争。

鲁
前218
马拉西亚
Po
特雷区比亚河战役
前218
利亚
前218
梅陶鲁斯
前207
前217
特拉西梅诺湖
亚得里亚海
格鲁尼翁
罗马
前211
前216
前216
坎尼
卡西利努姆
卡普亚
前216, 前211
第勒尼安海
图利
前216
克罗顿
苏西
(前258)
利利俾
前249
德雷帕纳
前249
爱琴海岛屿
前260
前241
梅萨纳
前249
前263
米尼乌姆
葛菲尔德
(前203)
前262
爱奥尼亚海
前256
前212
锡拉库萨
前255
前256
阿格里根图姆
艾克莫斯

拿，结果受到锡拉库萨国王希伦二世的威胁，于是雇佣军向控制了岛上大部分区域的迦太基人求助。迦太基人派兵前去援救，却被雇佣军赶走，于是迦太基人和锡拉库萨人一起包围了这座城市。

困境中的雇佣军只得向罗马元老院求救。罗马人犹豫了，因为他们还从未参与过意大利以外的军事行动，而且一旦出兵，就可能与强国迦太基发生冲突。不过，元老院最终同意了雇佣军的请求，因为罗马当时毕竟已成为一个重要的大国。如果不派兵援助，很可能使他们在意大利的盟友那里声望受损。因为在希腊罗马时代，一个不肯伸出援手的大国算不上是真正的大国。于是，罗马在公元前 264 年派出一支援军前往墨西拿。

当时没有人料到接下来会发生一场持续 23 年的战争。迦太基人也仅仅隐约感觉到罗马人对西西里岛的干预会影响自己的统治。一场毫无征兆的战争就这样开始了，并且很快升级。布匿战争成为历史上一场意义重大的战争。罗马人最终能够取得胜利，完全得益于他们建立了终于可以和迦太基人的海军抗衡的舰队。作为应变高手，罗马人很快找到了弥补自身海战经验不足这个弱点的方法，那就是采用陆地战的打法来开展海战。他们抓紧抓钩，拉近敌方战舰，然后冲上对方战舰的甲板作战。依靠这一战术，公元前 260 年他们在西西里岛东北海岸的米列取得了胜利。当然，他们也经历过失败。公元前 256 年，罗马人在荷密翁海战中再次获胜，300 只战舰随后向非洲大陆进发，在那里他们被迦太基人的雇佣军打得落花流水。

经过多年战争，公元前 241 年，罗马人终于在西西里岛西海岸的爱琴海群岛之战中取得胜利。罗马人获得了西西里岛的统治权，并将其设立为一个省。他们由此创建了对意大利本土以外辖地的治理模式。对于受罗马人统治的人民而言，这意味着他们必须服从罗马总督以及罗马军队，还必须向罗马国库纳税。在第一次布匿战争之后，科西嘉岛和撒丁岛等西地中海岛屿也遭受了同样的命运。

但是迦太基人并不愿意接受新的势力关系，尤其是巴卡这个贵族家庭。在第一次布匿战争之后，它不断寻求重整旗鼓的机会。在金属资源十分丰富的西班牙南部地区，哈米尔卡·巴卡作为迦太基社会内部的新兴力量，建立起了新的基地。尽管这一行为并非直接针对罗马人，而是想要弥补其在西西里岛遭受的经济损失，但仍然引起了罗马元老院的不满。这一新兴力量的影响最终到达法国南部，并在马赛利亚（今马赛）找到了重要的盟友。

公元前 221 年，哈米尔卡之子汉尼拔上台之后，战火被重新点燃，起因是争夺西班牙城市萨贡托。面对汉尼拔的进军，萨贡托感受到极大的威胁，于是向罗马求救。汉尼拔攻占萨贡托之后，罗马人要求迦太基人交出汉尼拔。这一要求遭到拒绝之后，罗马人便向迦太基人宣战。

面对罗马人的宣战，汉尼拔选择先发制人，拉开了第二次布匿战争的序幕。这场战争一直持续到公元前 201 年。公元前 218 年秋，汉尼拔率领 5 万名步兵、1 万名骑手、来自北非的雇佣兵以及 40 头战象，浩浩荡荡地跨越阿尔卑斯山，来到意大利。经过一系列闪电战，罗马人惨败。在公元前 216 年的坎尼会战之后，罗马人迎来了真正的灾难。

但汉尼拔并未像罗马人担忧的那样继续向罗马进军。他的策略是拉拢意大利境内罗马的盟友，从而孤立罗马，并削弱其力量。面对汉尼拔的示好，罗马的盟友丝毫没有动摇，因为罗马元老院实行的统治策略赋予这些盟友极大的参政权。

因此，汉尼拔这颗明星渐渐开始下沉。多年来，他在意大利争取盟友始终未果，罗马人却在意大利以外的地区依旧活跃。在大西庇阿的率领下，罗马军团征服了迦太基人统治的所有西班牙地区。汉尼拔于公元前 202 年返回非洲，并于同年在和大西庇阿的战斗中被击败。第二次布匿战争以罗马人的胜利告终，战败的迦太基人不得不支付赔偿金并交出舰队，同时承诺只有在征得罗马明确同意的情况下才能进行战争。权力更迭由此完成：罗马取代迦太基，成为地中海西部地区的主导势力，这也是他们在成为世界性大国的路上迈出的重要一步。

从公元前 149 年持续到公元前 146 年的第三次布匿战争，终于迎来了一个历史性的结局——罗马人彻底摧毁

坎尼会战

公元前 216 年 8 月 2 日，在普利亚平原的坎尼发生了一场恶战。这场战争给罗马人造成了重创。汉尼拔在这次战役中运筹帷幄，以少胜多，为自己赢得了军事奇才的美誉。此次战役中，罗马将领保卢斯与瓦罗率领由 8.6 万名士兵组成的八个完整的军团和其他附属军团迎战迦太基军队。他们一心想要给汉尼拔重击，将他彻底赶出意大利。但此次战役以罗马人惨败告终。汉尼拔的战术十分高明，以至于成为后世军事家学习与效仿的范例。他进行了极为精心的战斗部署，保证一切都在掌控当中，甚至在排兵布阵时，都注意到让迦太基人在战争过程中始终背朝太阳。坎尼会战大获全胜之后，所有人都以为汉尼拔会继续率军向罗马挺进。罗马人甚至给汉尼拔的军官马哈巴尔传话说："你就等着四天之后在罗马城中欢庆胜利吧！"但是汉尼拔另有打算。正如马哈巴尔所说："汉尼拔，你懂得如何战胜敌人，却不懂得如何利用胜利。"

> 第二次布匿战争中重要的陆军行军路线。

迦太基城。之所以会爆发第三次布匿战争，是因为在第二次布匿战争之后的几十年中，迦太基人在经济和政治上迅速崛起，导致罗马人极度恐慌。当年汉尼拔跨越阿尔卑斯山脉，在坎尼会战中大获全胜，那些记忆是罗马元老院难以忘记的噩梦。公元前 146 年，罗马人占领了迦太基人控制的领土，并在那里设立了新的省份——阿非利加省。

强势的对外扩张
——从罗马共和国到罗马帝国

2 世纪，在图拉真统治时期，罗马帝国实现了历史上最大规模的领土扩张。从西部的西班牙到东部的美索不达米亚，从南部的非洲到北部的英国，随处可见罗马文化的存在。

当时估计有六七千万人口居住在罗马帝国。罗马人能在靠武力征服的土地上实现这么多种族和文化的融合，有力地证明了他们的才智。正因为如此，罗马帝国有着很强的稳定性和持久性，其他古代国家在这方面很难与其相提并论。

为什么偏偏罗马能成为世界性的大国？罗马人把这一辉煌归结为众神对他们的眷顾。此外，他们认为勇气和纪律也使他们与众不同。因此，他们骄傲地称自己为“人中之王”。一旦有人谴责他们无限制地征服土地，他们会立即反驳。根据罗马人自己的解释，他们从未追求称霸世界，他们发动战争，仅仅是因为自身受到了威胁，或者有邻国向他们求助。一个伟大的世界性帝国最终由此诞生。

实际上，罗马帝国的历史并非由帝国开始。公元前 5 世纪—前 4 世纪，这座由贵族共同治理的、台伯河上的城市在意大利境内取得了统治地位，但他们不得不经常面对外来入侵。经过长年征战，北部的凯尔特人、中部的山区部落和意大利南部的希腊人统统俯首称臣。由自由农民组成的罗马军队尽管也曾经历失败，

不列颠尼亚
劳迪尼乌姆
大西洋
日耳曼尼亚
卢格杜南西斯
贝尔吉卡
高卢
雷提亚
诺里库姆
阿奎达尼亚
纳尔博南西斯
马赛
达尔马提亚
意大利
塔拉戈南血斯
卢西塔尼亚
塔拉戈纳
科西嘉岛
西班牙
罗马
撒丁岛
贝提卡
巴利阿里群岛
新迦太基
第勒尼安海
伊比利亚海
梅萨纳
西西里
廷吉塔纳
毛里塔尼亚
迦太基
锡拉库萨
凯撒里恩西斯
努米底亚
阿非利加
地 中
图拉真统治下波及范围最大的领土扩张期（117 年）
共和时代末期
奥古斯都和图拉真两个帝王之间（14 年—117 年）新增的领土
省界

> 罗马帝国疆域图。

黑 海
色雷斯
比提尼亚
本都
亚美尼亚
安息帝国
加拉太
卡帕多西亚
亚述
爱琴海
雅典
美索不达米亚
底格里斯河
幼发拉底河
潘菲利亚
安提阿
吕底亚
西西里
叙利亚
巴比伦
克里特岛
腓尼基
大马士革
推罗
亚历山大港
佩特拉
孟斐斯
阿拉伯
埃及
尼罗河

罗马人和日耳曼人

“起床之后，日耳曼人习惯用温水洗澡，因为在他们那里，一年中的大部分时间都是冬季。洗完澡，用完早餐，他们便离开家，很多时候是奔赴筵席，并且随身携带着武器。就这样，白天连着黑夜，他们在酩酊大醉中匆匆度日。和其他醉酒人群一样，他们也经常发生冲突，有时会激烈争吵，更多时候则是以过失杀人或受伤告终。”这是塔西佗在他的作品《日耳曼尼亚志》中对日耳曼人的描述，该书出版于 98 年。书中对日耳曼人的描述并不真实，它依据的是《高卢战记》为居住在最北部的“野蛮人”设计的形象。当然，其中也包含一直以来被认可的、金发碧眼的、强壮的日耳曼人形象。塔西佗想要借助他的描述为其同时代的人提供一面镜子，并对日耳曼人的道德堕落进行谴责。

但最终向对手证明了自己军事力量的强大。与众多战败对手签订的双边协议，为罗马在意大利的统治奠定了基础。这一统治体系的官方名称是“罗马人及其盟友”，罗马的优势地位不言而喻。

公元前 3 世纪，罗马的外交政策随着布匿战争的进行进入了新的阶段。最终罗马人取得胜利，取代了迦太基人在地中海西部地区的统治地位。公元前 201 年，为了结束第二次布匿战争，迦太基人签署了罗马拟定的和平条约。仅仅一年之后，罗马人又在地中海东部地区陷入战争。敌方是马其顿国王腓力五世，他从亚历山大大帝征服的土地中继承了大片领地，成为希腊化世界的统治者之一。在战胜迦太基人之后，罗马元老院很快将希腊化世界视为眼中钉，这意味着，建立帝国的进程即将启动。

腓力五世之所以会在东方发动战争，是因为他当时奉行非常积极的军事政策。由于感受到威胁，罗得岛和帕加马派使者前往罗马元老院请求支援。罗马元老院最终决定实施干预，也由此实现了罗马外交政策的重大转折——如果说与迦太基人的战争主要是出于防御，那么在远离意大利的地中海东部地区展开的军事行动则有着全新的意义。

不过，罗马人发起这场反对腓力五世的战争，并非出于争当世界霸主的野心，而是出于他们作为西方大国面临着无法逃避的责任。如果不履行这一责任，他们在布匿战争中获得的声望很可能毁于一旦。所以，当来自帕加马和罗得岛的使者前来求救时，元老院不得不表现出可信赖的、强大的领袖姿态。

在与腓力五世的战争中，罗马人很快获胜，并于公元前168年在彼得纳战役中击败了其继任者珀尔修斯，这使得罗马的扩张获得了新的动力。又一个希腊化国家——塞琉古王国成为罗马的进军目标。公元前188年，塞琉古王国战败，不得不割让领土，并缴纳赔偿金。军事上的接连胜利极大地增强了罗马人的自信心。公元前168年，塞琉古的安条克四世率军穿越叙利亚，进攻当时由托勒密王朝统治的埃及。罗马元老院见状，立即派出使者前往战场，命令塞琉古的军队马上撤离。据说，安条克四世曾试图进行协商，结果罗马人在沙地中将其包围，并下达最后通牒——如果他不做出撤军的承诺，便是与罗马为敌。安条克四世最终只得屈服。

马其顿在公元前146年就已经成为罗马的一个省，接受罗马的直接管辖。塞琉古王国在公元前64年亦被罗马帝国占领，成为罗马的省。阿塔罗斯三世是帕加马最后一位国王，他一直掌握统治权，直到公元前133年。阿塔罗斯三世在遗嘱中将国土全部赠予罗马。在所有希腊化国家中，托勒密家族统治的埃及保持独立最久，它的最后一位女王克利奥帕特拉七世凭借杰出的才能和不懈的努力阻挡了罗马人侵略的步伐。克利奥帕特拉死后，埃及也在公元前 30 年成为罗马的一部分。

当时罗马发生了严重的危机。经过一系列内战之后，旧的共和国秩序被彻底打破。尤利乌斯·恺撒在此过程中发挥了重要作用。他最著名的外交活动便是发动高卢战争。这场战争发生于公元前 58 年—前 51 年。直到今天，人们仍然可以从恺撒本人撰写的作品中了解这场战争。不过连他自己也没有想到的是，这场战争仅仅为他赢得了内政利益——恺撒需要一支军队来帮助他对付罗马人，正是靠着这支参与了高卢战争的军队，他最终实现了一人当权的专制统治。

公元前 44 年 3 月 15 日，恺撒遭暗杀。当时的罗马正在朝着君主制方向发展，这对于帝国的形成和扩张有着重要意义。恺撒的养子奥古斯都于公元前 27 年称帝，成为罗马首位皇帝。从此，罗马的外交不再由元老院负责，改由皇帝负责。

可是，未被侵占的领土所剩不多，大部分属于罗马帝国的领土都在共和国时期已被占领。恺撒下令进攻北至易北河的日耳曼地区，结果酿成大错。公元前 59 年发生在托伊托堡森林的战役，给罗马皇帝的伟大愿景造成致命一击。而朱里亚·克劳狄王朝的克劳狄乌斯（41 年—54 年在位）则在公元 43 年将英国南部地区成功并入罗马领土。

军事上最为活跃的皇帝当属在帝国黄金时期执政的、出生于西班牙的图拉真。在他的率领下，罗马军团在 2 世纪初发起了最后一次大规模的进攻，攻占了达契亚（今罗马尼亚）以及东方的

> 公元前 49 年，尤利乌斯·恺撒率领军队跨越边界河——卢比孔河，发动了罗马内战，并借此机会建立了专制统治。后着色的木版画，1863 年。

亚美尼亚和美索不达米亚。图拉真的继任者哈德良（117 年—138 年在位）上任之后，很快放弃了向东方进军的计划。因为他认为罗马帝国应该重视内部整合，而不是向外扩张。从那时起，莱茵河、多瑙河和幼发拉底河形成了罗马帝国的边界线。公元 2 世纪末，罗马在内政、外交方面都达到了相对稳定的状态，这一时期

> 罗马皇帝提图斯下令摧毁耶路撒冷圣殿的情形。后着色的版画，1880年。

也成为历史上广受赞誉的时代——罗马和平时代。

罗马帝国的大部分民众都对生活抱有很高的满意度，这主要得益于成功的融合政策和罗马化措施。大部分民众都不受压迫，并享有罗马公民的权利。当地精英，不论来自叙利亚、阿非利加还是西班牙，都有机会进入领导阶层。此外，罗马帝国还修建了完善的基础设施，例如，繁荣的罗马帝国修建了10万千米的路网，还带有桥梁和渡槽。

所以，当埃留斯·阿里斯提德斯这位希腊修辞学家发表如下献辞时，罗马皇帝满心欢喜。献辞是这样的："你们丈量了整个世界，跨越了千山万水。你们打通山脊，修建道路，在荒无人烟处建起邮局。你们将文明有序的生活方式传播到四方。"古罗马历史学家塔西佗却给这热情洋溢的赞颂泼了凉水，他明确指出，罗马人不过是想通过这些措施来确保自己对民众的统治。

第三章

权力游戏：希腊罗马的政治与社会

君主制、民主制、贵族制
奴隶的命运与抗争
辉煌的城邦与都市
地中海上的贸易活动

> 古代的社会与文化往往是由当时聚集在城市里的最杰出的人塑造的。后着色的版画，1852 年。

对“理想国”的探索
——君主制、民主制、贵族制

古希腊罗马时期的精英们从未停止过有关国家形式、宪法以及政治的思考，在这方面最为领先的是希腊人。柏拉图就探究过最优的国家模式，并认为由哲学家担任国王最为理想，尽管这几乎没有实现的可能。他的学生亚里士多德提出的想法更为实际，他要求政治家借助尽可能完善的宪法，用尽可能合理的手段去治理国家。

“好的”国家形式一般分为三类，分别是君主制、贵族制以及民主制，即一人当权、一群精英当权和人民当权。上述三种国家形式也有负面对应形式：僭主制（非法的个人统治），寡头制（少数人当权，但并非精英）和暴民专制（乌合之众当权）。波利比乌斯由此推断出了宪法的循环模式：没有一种正面的国家形式是长久稳定的，最终都将被迫演变为负面对应形式；演变过程中会不断发生暴乱和权力更迭。波利比乌斯认为，只有罗马共和国的宪法，或者说只有三种正面国家形式的混合体，才足够完善，从而能够避免这种蜕变。他认为这也是罗马人能够称雄世界的原因。

古希腊罗马时期，世界各地主要实行君主制。在古代东方的高级文明中，君主制是唯一存在的政体，却有着各不相同的表现形式。例如，在埃及的古王国，法老被视为神本人；而在新王国，法老被视为神之子。公元前2千纪后半期，安纳托利亚的赫梯人，他们的君主主要担任军事统帅之职。古希腊的历史也始于国王——克里特岛的祭司国王和迈锡尼的军事国王。

公元前8世纪，随着城邦的兴起，希腊各地都开始实行贵族统治。这些精英称自己为“aristoi”，即“最优秀的人”，依据是他们拥有的军事成就、财富和土地。这种贵族体制的中央政府机构叫作贵族理事会。人民享有极少的发言权，尽管也存在人民理事会。希腊城邦的理事会都只允许男性公民参加。人民理事会的参政权也仅限于对贵族理事会的决议表示赞同和进行确认。

希腊僭主

我们今天谈起僭主，联想到的一定是专制政权。但对古希腊人而言，并非如此。在他们看来，僭主指的是通过战争而不是法律程序获取政权的统治者。在古代政治理论家眼中，僭主制是负面的君主制。其鼎盛时期是公元前7世纪和前6世纪。当时的僭主拥有一支高价雇佣军，奉行亲民的统治方针，热衷于为自己建造宏伟的、纪念碑风格的建筑。那一时期最著名的僭主包括雅典人庇西特拉图（约公元前600年—前527年）和科林斯的佩里安德（公元前665年—前585年）。在萨摩斯岛上，波吕克拉特斯成为唯一的统治者。凭借强大的海军，他带领萨摩斯岛进入了海洋强国的第一梯队。在伟大诗人席勒的著名叙事诗《波吕克拉特斯的指环》中，这位僭主被塑造为不朽的人。不过，他在公元前522年死于与波斯人的战争中。

随着腓力二世和亚历山大大帝对马其顿人的统治，君主制重返希腊人的政治舞台。刚开始，君主制面向的还是部落社会的阶级关系，在亚历山大大帝去世后的继任者战争中，它渐渐发展成为希腊化的君主制。

> 市中心的露天集市被用作大众集会和司法集会的场所，充分表明了希腊参政议政的重要性。

这种制度深受东方思想的影响，赋予统治者神圣的地位。一个明显的表现就是对统治者的崇拜，被统治者在自己建造的圣殿中像供奉神灵一样供奉统治者，那些在圣殿里举行的政治仪式也是声势浩大。

希腊人在政治上最重要的贡献是创造了民主制度。宪法最早出现在雅典，在当时各城邦完全由君主或者贵族当政的环境中，雅典的宪法确立了，并以前所未有的形式赋予人民政治权利，是非常伟大的进步。在人们完全不了解民主的情况下，民主制又是如何产生的呢？

民主制这一政体形式并非源自革命或者某次起义。它的产生经历了数个阶段，但它并非来自人民大众，而是贵族阶层。这个过程中关键性的第一步是雅典贵族德拉古制定了第一部成文法典。他的名字直到今天还象征着特别严酷的、“德拉古式的”惩罚。不过他并不是真正的立法者，他只是对当时实施的、异常严厉的习惯法加以整理和结集。

在这部法典出台之前，贵族操纵司法，任意解读习惯法，经常引起平民不满。为了缓和大众的不满情绪，权贵指派德拉古整理法律条文，使其更加透明。于是，德拉古令人将习惯法的具体内容刻在可转动的木柱上，并将木柱安放在雅典的广场上，以便有阅读能力的雅典人了解法律内容。例如，法典明确规定，偷窃田间果实的人将会被处以死刑。成文法丝毫没有赋予平民更多的权利，不过，通过这种方式，贵族阶层确实让他们的统治变得更加透明，尽管这种统治严厉而残酷。

雅典民主进程的第二步与梭伦密不可分。梭伦与德拉古一样，也是贵族，他在公元前594年被任命为仲裁官，负责调解

> 古希腊的贵族庭院。根据海因里希·卢特曼的绘画创作的木质版画，1868 年。

权贵与平民间的冲突。在梭伦的努力下，债务奴隶制终于得以废除。此外，他还颁布了新的法规，以避免贵族与平民间的矛盾激化。在此之前，只有拥有贵族身份的人才有参政权。梭伦通过改革实现了崭新的、进步的治国原则：不再由出身，而是由财富和自身的成就来决定一个人在政治中拥有怎样的话语权。

这种所谓的“荣誉制”（Timokratie，来自拉丁文 timé，意为“财富”）为后来的民主制奠定了基础。根据经济实力，阿提卡人被划分为四个阶层。第一阶层是富有公民，他们拥有全部政

治权利，包括在城邦中担任最高领导人的优先权。第四阶层则是经济实力有限的雅典人。乍一看，这样的机制依然存在很多不足，但是和以往的制度相比，可谓前进了一大步。它至少赋予那些有一定经济实力、却没有贵族身份的商人参政议政的机会。

雅典的第三位民主先锋是克里斯提尼，他来自历史悠久的阿尔刻迈翁贵族家族。克里斯提尼尽管享有雅典民主制度缔造者的美誉，他其实并不关心人民能否获得更多的权利，相反，他的主要目标是确保自己的家族获得尽可能大的政治影响力，从而在权力斗争中处于有利地位。贵族出身的庇西特拉图在公元前560年成为僭主，这也暴露出梭伦改革过的政策的弱点。庇西特拉图死后，他的两个儿子继承了王位。公元前560年，僭主制被推翻，庇西特拉图的最后一个儿子希庇亚斯流亡到波斯。为了防止新的僭主上位，克里斯提尼开始赋予人民更多的权利——他的目的只有一个，那就是赢得民众对自己的支持。

克里斯提尼的计划进展得很顺利——他战胜了城邦内的竞争对手，人民也获得了更多权利，从而为民主制的建立扫清了道路。克里斯提尼重组了贵族网络，将阿提卡分为十个地区。各个地区选派代表组成理事会，对法律、法规进行磋商，这种操作逐

> 政治家梭伦是雅典民主制度的奠基人。1896 年左右的铜像。

渐发展为公民大会上的表决。

以今天的视角来看，我们很难将在德拉古时代和克里斯提尼时代之间发展起来的政治制度与“民主制”联系在一起。事实上，民主制这一概念直到公元前 5 世纪才真正出现。之前希腊人

陶片放逐法

陶片放逐法，也被希腊人称为贝壳放逐法，是雅典民主制的一大特色。克里斯提尼是这一法律的缔造者，他的初衷是借此防止僭主统治再次出现。公民大会每年都会就是否继续实行陶片放逐法进行一次讨论。如果大多数与会者投赞成票，陶片放逐法就得以继续实施。之所以会以陶片为材料，是因为在当时的雅典，陶片充足且价格低廉。投票时，每位与会者在一块陶片上写上一个他认为最有可能成为僭主的人的名字。但召开放逐投票会议并不意味着一定有人被放逐，因为雅典法律规定，投票达到6000票以上，放逐法令才生效。被提名次数最多的人将被放逐10年。这10年中，其财产和公民权仍得以保留。实行数十年后，陶片放逐法在公元前5世纪末期开始走向没落。很多政客千方百计利用这一法律将自己的竞争对手驱逐出境。他们广泛发动自己的拥护者，在陶片上写下竞争对手的姓名。公元前418年，举行完最后一次陶片放逐表决后，该法律宣告废除。

> 用于投票的陶片。

> 人们通过随机选取器上的结果来决定雅典的公职人员。

奉行的是“政治平等”，或者说“法律面前人人平等”。当时，雅典及其周边地区拥有 30 万人口，其中只有十分之一人享有完整的公民权，另外的 27 万人都被排除在外，其中包括妇女、外来人口和奴隶。

不过，起码有 3 万人享有了参政、议政的权利，这与之前的贵族政治相比，无疑是巨大的进步。因为在贵族统治的社会中，只有极少数来自上层阶级的人才有权决定国家事务。因此，我们有理由将这样的制度称为“民主制”——也许它和我们今天理解的民主制度有差距，但是和早前的制度相比，它的确配得上这个称呼。

在这样的民主制中，享有完整权利的公民在理事会和公民大会中都拥有表决权，也有权担任国家公职，任职时间为一年。任职超过一年则被认为违反了民主原则，因为一个人担任一个职位过久，就有可能形成强大的个人势力。

此外，大部分最高层的职位都是通过抽签决定的。因为在以往的选举中，出现过太多情绪化、不理性、不够客观的判断。唯一不具有偶然性的职位是军事首领，也就是人们口中的战略家。他们是在公民大会中通过选举，而非抽签产生的官员。

渐渐的，雅典民众追求民主的热情不再高涨。很多来自阿提卡偏远地区的农民觉得长途跋涉到雅典就公共事务进行为期三天的讨论没有太大意义，白白浪费宝贵的务农时间。因此与会者越来越少，以至于参加的人往往是老人和没有工作之人。为了鼓励大家参政，统治阶层采取了激励手段。他们给与会者发放补贴作为耽误工作的补偿。这一做法确实吸引了更多公民前来参与政治讨论。

然而，尽管历史学家波利比乌斯试图将共和国时期的罗马公民大会称为民主机构，罗马依然没有出现民主制。罗马实施的一直是典型的贵族统治模式，这一体制存在了整整500年，元老院一直是这一政治体制的核心，直到奥古斯都在公元前27年建立帝国。元老院的成员最初全部来自那些最优渥的贵族家庭，后来加入了一些政治官员，其中包括罗马共和国时期地位最高的执政官，这一官职也是所有贵族梦寐以求的目标。要想成为执政官，要有一系列的从政经历，包括财务官（负责税收的官员）、监察官（负责监管市场和由国家财政投资建设的工程项目）以及大法官（负责管理司法事务）。竞争执政官职位的候选者人数众多，最终人选由公民大会选举产生。

罗马的所有官职都必须遵守时限性和合作性两大原则。时限性是指任职期限不能超过一年，合作性规定任何一个官职都不能由一人独掌，必须和一位同事合作。之所以会有这样的规定，是

> 恺撒在公元前 44 年 3 月 15 日被暗杀。后着色的钢雕画，1842 年。

因为人们经历过伊特鲁里亚国王的统治。伊特鲁里亚王朝在公元前 500 年被推翻后，罗马共和国便严格遵循官职的时限性和合作性，目的就是为了防止伊特鲁里亚王朝复辟。

这种竭力追求平衡的政治体制延续了数百年，卓有成效。就在罗马成为地中海世界的中心时，贵族统治走向了终结。罗马共和国在外交和内政上都处于辉煌时突然走向了灭亡，不免让人唏嘘。不过，在当时的政治制度下，由贵族充任的领导者确实已经无法有效管理一个如此庞大的国家。一方面，位高权重的贵族不愿意将治理国家的权力与专业的官僚体系分享；另一方面，贵族过于追求经济利益，引发了一系列内部冲突，给国家造成了负面影响。这些内部冲突以公元前 133 年提比略·格拉古提出改革为起点，之后导致了一连串的内战。在内战中胜出的尤利乌斯·恺撒最终成为独裁统治者，却在公元前 44 年 3 月 15 日惨遭暗杀。

经历动荡之后，共和国转变为帝国。奥古斯都原名屋大维，是恺撒的养子，他建立了持久的独裁统治。这种独裁统治和罗马以往的君主制并不相同，奥古斯都称之为“元首制”，意为“第一公民的统治”。“皇帝”（Kaiser）一词就由恺撒的名字（Caesar）衍生而来。从奥古斯都开始，“恺撒”一词就是皇帝的名号中不可或缺的一部分。

在恺撒遇刺后，新执政的君主便意识到，罗马贵族只有在共和国的名义下才能统治这个国家。奥古斯都披着美好的、民众易于接受的外衣登上了皇位。他时刻不忘宣扬“重新统一的共和国”。实际上，原有的元老院、国民大会和官员都依旧存在。

奥古斯都凭借他在共和国时期积攒的实力和威望获得了统治权。作为执政官，他有权对军团发号施令，还可以借助公民大会

> 奥古斯都是第一位罗马皇帝。在他执政期间，罗马帝国经历了从共和国到帝国的过渡。大理石雕塑，1 世纪的复制品，原作创作于公元前 20 年左右。

颁布法律。

奥古斯都不仅能牢牢掌握政权，还非常会利用宣传手段。他标榜自己是共和国的守护者，认为只有他才能保障国家的安全和秩序。但是对于他在内战中对共和国制度的破坏，奥古斯都只字不提。

在奥古斯都之后，出现了多位罗马皇帝。公元 14 年，他去世后，他的养子提比略继位，37 年，卡利古拉继承了提比略的皇位。卡利古拉是一位非常残暴的君主，在 41 年死于暗杀。他死后，克劳狄乌斯继位，奉行中庸之道，追求帝国内部各阶层间的和谐。继承克劳狄乌斯的尼禄是奥古斯都家族最后一位当权的皇帝。在此期间，元首制已经得以确立与完善。

3 世纪末期，罗马帝国经历了重大变革。无数战争和内部危机撼动了罗马帝国的稳定，上层统治变得摇摇欲坠。235 年—284 年，出现了 70 多位皇帝或领袖。直到 284 年，戴克里先登上皇位，国家才恢复平静。这位来自伊利里亚的统治者废除了元首制，建立了君主制。如果说奥古斯都是罗马执政的第一位元首，那么戴克里先则是第一位凌驾于贵族和平民之上的君主。皇帝成了绝对的统治者，还有了神圣的光环，在人民心中有着神一样的地位。

然而，在这一变化背后，统治者既没有了恺撒的狂热，也没有了盲目的傲慢。在多位皇帝被谋杀或者篡位之后，统治者的目标变得日益实际，他们只想巩固自己的权力，重新赢得失去的权威。一直到古典时代晚期，君主制始终在罗马帝国占主导地位。

通向自由的道路
——奴隶的命运与抗争

"人人平等"这样的理想口号在古典时期不会得到任何人的认可——不管是上层社会的贵族，还是社会底层的平民。实际上，古典时期的国家，不论在法制方面还是社会方面，都存在严重的不公正与对立。

最为明显的差别表现在自由人和奴隶之间。自由人的身份首先意味着非奴隶，也就是说不用依附于其他人，并且享有法律赋予的权利。不过，在实施君主制、贵族制和民主制的国家中，民众的社会地位以及参政议政的权利有着巨大的差异。因此，自由人的身份也并不意味着个人能够自由发展。

对于妇女而言尤其是这样。一位女性结婚之后，只能依附于丈夫，不能作为独立的个体成为社会的一员。非上层社会的妇女在几乎是父权至上的社会中，生活难免不易，对于希腊人、罗马人、凯尔特人和日耳曼人而言，都是如此。

身为男性的自由人，也并不意味着拥有了公民的全部权利与义务，尤其是那些长期生活在异乡的外来人口，用今天的话说，就是移民。在希腊城邦，当一个人从雅典前往科林斯生活和务工，他就会被视为移民。不过这样的移民相对于来自希腊以外的，如来自埃及和叙利亚的移民，具有明显优势。后者统统被称为“野蛮人”，因为对于习惯了悦耳声调的希腊人而言，所有陌生的语言听上去都像是胡言乱语。

生活在希腊的外来人口在法律上的身份是外国人。他们不享有公民权，必须缴纳一种特殊税费，不允许拥有不动产，却必须在希腊履行服兵役的义务。在罗马，外来移民被称作“游隼”，他们也不被视为公民，但拥有融入社会的机会，因为当时罗马社会的开放度非常高。

之所以具有这样的开放性，因为罗马长期存在庇护制。自贵族时代以来，有钱人和权贵就会为底层民众提供庇护。有钱人和权贵被称为“保护主”，为他们的庇护对象（当时被称为“客户”，颇具现代色彩）在各个领域提供保护。保护主关心他们的生活，并在他们遇到困难时提供帮助。作为回报，被庇护者需要竭力帮助保护主维持政治和社会声望。例如，当保护主竞选某一官职时，他的客户就有义务为他摇旗呐喊。保护主大都热衷于举行致敬仪式。

致敬仪式是指受庇护的平民每天聚集到保护主的家门前举行的仪式。若保护主发现前来向自己致敬的平民总数超过其他保护主，便会倍感满足。这种庇护制度也是接纳外来人口的一种有效手段，对于大城市尤其如此。外来人口只要得到保护主的庇护，就不用再为生计担忧，哪怕他们并不享有政治权利。

处于社会最底层的是奴隶。他们不享有任何权利，而且从法律角度来说，他们不被视为人，而是被视为物品。如果你出生在奴隶家庭，那么你这一生就注定是奴隶。在古希腊时代早期，债务奴隶制非常普遍。欠债的农民若不能及时偿还债务，就可能沦为奴隶。公元前 6 世纪，梭伦通过改革废除了雅典的债务奴隶

罗马的阶级斗争

“阶级之战”是一个具有现代色彩的名称，被用来描述伊特鲁里亚王朝的统治结束后，罗马共和国内部历时长久的政治冲突，贵族和平民都参与了这场冲突。贵族（Patrizier）一词由拉丁词“patres”（意为“父亲”）衍生而来，意指罗马的老贵族；平民包括所有没有贵族身份的自由公民。平民试图在阶级斗争中争取更多的政治权利。在共和国成立之初，确实只有贵族才有权担任官职。公元前 494 年，平民聚集在阿文丁山，发起暴动，拉开了阶级斗争的序幕。此后，他们成立了自己的政治大会，并选举代表进入公民大会，以维护平民阶层的利益，平民的代表还在公民大会中拥有否决权。一直以来，平民都没有放弃对更多权利的追求。公元前 367 年，他们终于迎来里程碑式的成果，这一年颁布的法律赋予了平民担任国家最高首领——执政官的机会。公元前 287 年颁布的法律则规定公民大会通过的决议在全国范围内适用。至此，阶级斗争也告一段落。贵族和平民的代表共同组成新的领导阶级，带领罗马发展成为世界强国。

> 罗马的建立者罗慕路斯将人民分为贵族和平民。后着色的铜版画，画家马图斯·马利安创作于 1630 年。

制，不过希腊其他地区的债务奴隶制依然存在。在罗马，这种形式的奴隶制一直延续到公元前4世纪下半叶。

大部分奴隶是因为战争而失去人身自由的，不论他们之前是战士还是平民。对古希腊民众而言，俘虏理应成为胜利者的财产和附属品。无数男性、女性甚至儿童都在战时沦为牺牲品，成为胜利者奴役的对象。有时一次战争就能导致数千人沦为奴隶。据记载，公元前167年，在罗马的一次侵略行动中，有15万人沦为奴隶。尤利乌斯·恺撒曾于公元前58年—前51年在高卢发动战争，造成整整100万凯尔特人和日耳曼人沦为奴隶。或许这一数字有欠真实，但就算除去夸张、想象的成分，实际人数还是非常多。与此同时，从事奴隶贸易的海盗也对人民造成威胁，他们非常擅长进攻沿海城市，抢劫有可能到手的一切。

从事奴隶贸易的都是非常职业的人口贩子，他们从迈锡尼时代起就开始从事这一勾当。他们从海盗或者海军将领手中买来奴隶，再将他们带到人口市场上进行交易。

奴隶被当作商品呈现在买家面前，一丝不挂。奴隶贩子从中能够获取丰厚的利润。地中海上的德洛斯岛在公元前3世纪—前2世纪是世界贸易的枢纽，也逐渐发展成为奴隶贸易的中心。后来成为早期基督教据点的以弗所也是奴隶贸易的重要场所。

当时的奴隶贸易非常普遍，以至于有时政府不得不进行干预，以避免恶性事件的发生。古希腊时就出现过恶性事件，严重官僚化的罗马人则进一步加强了政府监管——谁要出售奴隶，就必须提供奴隶的患病记录、过往犯罪记录等相关信息；奴隶的价格由市场来决定。罗马政府还出台了很多关于贩卖奴隶的进口税和营业税的法规。

> 罗马奴隶市场的情形。让－里昂·热洛姆的油画作品，1884 年前后绘制。

当时的社会对奴隶的需求很大，因为经济在很大程度上依赖大量的廉价劳动力。公元前 5 世纪的雅典是希腊世界政治和经济的领头羊，有 8 万—10 万奴隶生活在这里。来自色萨利和小亚细亚的奴隶最受欢迎，这两个地区都是战争频发的区域。在罗马，大部分奴隶都从事农业生产，他们耕作的土地都是权贵的大地产。奴隶完成农活，权贵才有时间和心情在首都从事政治活动。

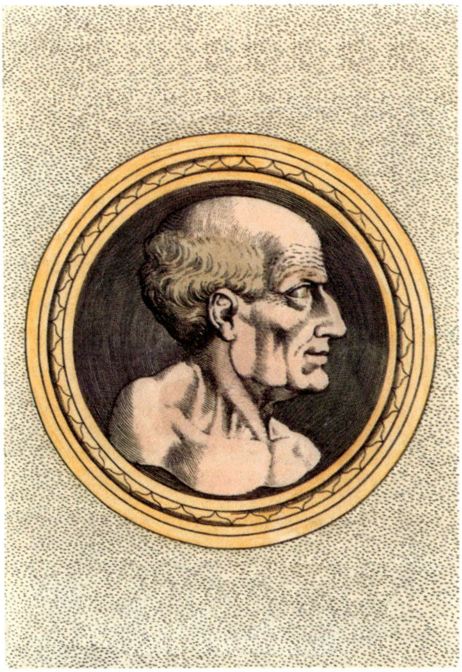

> 政治家、作家加图。手工上色的针织作品。

在此背景下，普通的自由农民处于不利地位。他们的生存主要依靠耕种庄稼，而大地产的所有者改变了收益方式。后者从西西里以及北非以低廉的价格进口粮食，导致本地粮食减价，意大利许多农民失业，被迫成为罗马的城市平民。有钱人热衷于生产葡萄酒和橄榄油，这两种产品都需要更长的时间才能获取收益，不过地主们有足够的金钱和奴隶来完成这一生产过程。

罗马人也发现奴隶制有利可图，开始利用这一制度。这方面的先驱当属加图（公元前 234 年—前 149 年），他既是地主，又是元老院成员。他亲自编写了农业教科书，给他的贵族同僚提出了很多建议，教他们如何通过地产获得最大收益。除农用设备、

斯巴达克斯起义

斯巴达克斯这个名字与古代声势最浩大的一次奴隶起义紧密相连。来自色雷斯的斯巴达克斯被罗马人监禁在位于意大利南部的卡普亚的角斗士学校，他被主人训练为参与竞赛的角斗士。公元前 73 年，他和其他 70 名角斗士一起策划逃跑，很快便有大量奴隶加入他们的队伍。不久之后，有 4 万名奴隶听命于斯巴达克斯。他的目标是带领奴隶翻越阿尔卑斯山脉，奔向自由。他希望每个奴隶都能回到自己的祖国。曾有两位罗马将领率军阻击，结果他们竟然被击败了——罗马军队完全没有预料到斯巴达克斯组织的军队能有如此强大的战斗力。

> 在公元前 71 年的关键战役中，克拉苏率领的罗马军团战胜了斯巴达克斯领导的奴隶军团。马图斯·马利安创作的铜版画，1630 年。

后来，大多数奴隶希望能够留在原地，以获得更好的战绩和更多的战利品。于是，大军又开始向南挺进，尽管斯巴达克斯极力反对。在意大利最南端的布鲁提亚半岛，斯巴达克斯的军队遭到克拉苏率领的罗马军团的包围。斯巴达克斯此前已经和来自基里基的海盗建立联系，并希望借他们的帮助前往西西里岛。这一计划最终未能实现。在公元前 71 年的一场关键战役中，克拉苏获得胜利，包括斯巴达克斯在内的很多奴隶在这次战役中阵亡。从此以后，斯巴达克斯的名字成为反抗压迫和反对奴隶制的象征。其实，斯巴达克斯从未想过要推翻奴隶制，他所做的一切不过是想帮助自己和其他奴隶获取人身自由。

> 古罗马的经济在许多方面都依赖奴隶的劳动。图中，一位奴隶正在为宴会做准备。古罗马的马赛克图案。

农场动物和农舍外，他将奴隶也看成商品，认为奴隶的价值取决于他们的获利能力。年老体弱的奴隶应该尽快出售，因为他们已经不能正常工作，继续为他们提供食宿只会给他们的主人带来经济负担。加图给出的建议就是："年老的公牛、断奶的母牛、断奶的绵羊，羊毛、毛皮、旧车、旧工具，年老的奴隶、体弱的奴

波河平原
西沙波那
摩德纳
2
热那亚
利古里亚海
翁布里亚
皮克努姆
伊特鲁里亚
萨宾
科西嘉岛
罗马
拉齐奥
撒丁岛
第勒尼安
0
50
100
150 km

> 斯巴达克斯率领的奴隶军团的行军路线。

古希腊罗马时期的公民权利

在古希腊罗马社会中，民众被分为公民与非公民。只有拥有公民身份的人才享有社会和政治权利，才被视为社会的一分子。在希腊城邦中，通常由出身来决定是否具有公民身份。在希腊化时代，政府也制定了为非公民赋予公民权的制度，当时还为登记制度创建了特有的公民档案。

在罗马，起初也是由出身来决定是否具有公民身份。随着罗马的不断扩张，并最终成为世界性帝国，人们便更多地依据平民的法律素质来判定其公民身份。获得公民权的条件并不苛刻。在帝国时代，政府往往给平民群体统一授予公民权，后来甚至给整个城市的居民统一授予。在罗马辅助部队服役满 25 年的士兵，可自动获取公民权。获释放的奴隶的后裔也能够获得公民身份。212 年，卡拉卡拉皇帝给罗马所有省份的自由居民都授予了公民权，公民与非公民间的差别实际上已不复存在。

隶，还有其他多余的物品，都应该被尽早出售。”

在悲剧命运降临之前，很多奴隶都企图逃跑，但是成功的机会非常渺茫。他们很容易被一眼认出来，因为他们脖子上都戴着项圈，上面写有主人的姓名和地址，还注明：不论谁发现逃跑中的奴隶，都须把他送回主人处。逃跑的奴隶一旦被逮捕，将面临严厉的惩罚，当时对不守规矩的奴隶最常用的惩罚是死刑。

从事农活的奴隶生活得非常艰辛；在矿山工作的奴隶，命运则更加多舛，他们在非人的环境中工作，处境之悲惨与死刑无异。

人们至今对奴隶的形象都存有一种固有设想，那就是他们赤裸上身，在非常恶劣的环境中劳作，还要忍受奴隶主的鞭打与凌辱。这样的想象并非完全正确。其实，不少奴隶从事着一份有尊严的工作，例如

> 两个奴隶扛着一个双耳大陶罐。庞贝城的浮雕，1 世纪。

来自希腊的教师和医生，罗马贵族非常尊重他们。尽管这些教师和医生并非自由人，但他们在贵族家中工作，享有相对较高的地位。担任贵族女性侍女的女性奴隶也有一份不错的收入；其他女奴则很可能靠当舞女或者出卖肉体来维持生计。

当罗马进入君主时代后，加图宣扬的要在奴隶变得年老体弱前尽早出售他们的思想已经渐渐过时。与之相反，释放奴隶和给予他们自由的做法慢慢流行起来。其实希腊人早就这样做过，只是罗马人实行的范围更大。释放奴隶一方面是对他们认真工作的嘉奖，另一方面也对其他奴隶起到示范作用，让他们有意愿更加努力地工作，争取有一天被主人释放，重获自由。

被释放的奴隶仍然没有公民权，他们往往依附于前任保护主，但是他们的后裔可以自动成为公民。很多被释放的奴隶后来成为成功的商人，甚至在君主时代产生了重要的政治影响。克劳狄乌斯就曾任命来自这一阶层的人担任重要官职，完全没有因为他们曾经的奴隶身份而对他们有任何歧视。

古希腊罗马时期竟然有这样的奴隶制，真让人无法想象。在那时，还有人提出用人道主义的方式对待奴隶。哲学家塞涅卡就提出，应该把奴隶视为人而非物品，应该以友善的态度对待他们。罗马皇帝还颁布法令，以减轻奴隶的负担。例如，提比略曾禁止奴隶参与和野兽的搏斗，克劳狄乌斯也将杀害奴隶的行为界定为犯罪，哈德良禁止人们在妓院出售奴隶，安东尼·庇护宣布虐待奴隶的行为将受到惩罚，戴克里先曾颁布法令禁止抛弃奴隶家庭的儿童。

“世界之都”
——辉煌的城邦与都市

纵观整个古希腊罗马时代，绝大多数民众都从事农业工作，所以与城市人口相比，农村人口占绝对优势。不过，我们又完全有理由将这一时期的文明称为城市文明，因为城市主导了当时的政治、经济和社会生活。当时的文明思想几乎全部来自希腊人和罗马人居住的城市，这些思想直到今天仍被视为古希腊罗马时代的宝贵遗产。

城市的主要功能是为统治者提供居住地，有的城市还承担着首都的职能，它们对古代人民的生活具有重要意义。有的城市是在一无所有的草原上建立起来的，就像亚历山大大帝在公元前331年建立的亚历山大港一样；有的城市则经历了长期发展的过程，例如雅典和罗马。

在古埃及，法老在孟斐斯和底比斯都建立了宏伟的城市。最能彰显君主荣耀和王室权力的城市则是巴比伦，也就是位于幼发拉底河边的今天伊拉克的巴格达。最值得一提的是新巴比伦王国的国王尼布甲尼撒二世，他投入巨资，想要建立“世界上最美的城市”，他的臣民也对这个想法深表赞同。巴比伦城中最壮观的建筑有皇宫、伊什塔尔门以及为马尔杜克（巴比伦的守护神）建造的96米高的金字形神塔，这也成为《圣经》中“通天塔”的原型。巴比伦城吸引了很多乡村人口，后来发展成为有几十万居民的大城市。可以说，巴比伦在尼布甲尼撒时代是世界上最大的城市。

城市与乡村的独特结合形成了希腊的城邦（Polis）。城邦的意义到今天我们都能体会到，很多词汇都由它衍生而来，例如“政治”（Politik）或者“警察”（Polizei）等。从国家政治的意义上讲，城邦指居住在某一地区的所有人的联合体。具体来说，城邦包括位于中心的城市和位于周边的农村。在其他任何地方，都找不到城市与农村如此紧密的联合体。和今天的观念不一样，在古希腊并不是拥有庞大人口数量的聚居地才被定为城市。旅行作家帕萨尼阿斯曾在游历希腊的过程中，来到一个名叫帕洛佩斯的小地方，那里没有剧院、办公楼、学校、市场这些典型的城镇设施，但它仍然被称作城市。正如帕萨尼阿斯所言，它和邻近城市之间有边界，也向联邦议会选派代表。实际上，大多数古希腊城市的人口通常不超过 3000。

而雅典的人口总数达到 30 万，已经超出了普通城市的规模。

对希腊人而言，城市生活并不意味着简简单单过日子，思想家们从没停止过对理想城市的规划与设想。例如，伟大的哲学家柏拉图就曾依照数学公式进行计算，得出 5040（$1\times2\times3\times4\times5\times6\times7=5040$）是一个城市最理想的人口数目。

公元前 5 世纪，有一位名叫希波达莫斯的希腊人，生活在富裕的港口城市米利都，他称得上是城市规划的先驱。他推崇棋盘形的城市布局，将城市街道设计成纵横相交的形式，并在中间建设广场和居住区，许多西方城市至今仍然沿用这一模式。不过，他并不是提出“希波达莫斯式”城市规划的第一人，这种城市布局早在西西里岛和意大利南部的古希腊殖民城市中就有了，他只是将这一理念做了进一步推广。

希腊化时期的城市规划师和建筑师成就卓越，他们最大的成就是为人民创造了舒适的生活环境。亚历山大港的城市规划师通过合理的街道设计，让从北方吹来的季风为居民带来凉爽，让炎热的、带来不适的南风被山脉阻挡。

亚历山大大帝在埃及建立的亚历山大港，为城市建设树立了标杆。在继任者战争中胜出的王位继承人纷纷效仿亚历山大大帝的做法，积极投入新建或扩建城市的工作。托勒密王朝把亚历山大港作为王室所在地，这里的居民有埃及人、希腊人和犹太人。其他像安条克和塞琉西亚这样的大都市，也有着多元的人口组成。

不过，没有任何一个城市能够和世界之都——罗马相提并论。“世界之都”是罗马人对他们的首都毫不谦逊的称呼。但是，台伯河畔的这座城市并非天生就具有成为世界之都的资本，它也经历了漫长的发展过程。在被罗马人征服的过程中，其他地方日益罗马化，罗马城也在帝国的扩张中渐渐成为世界之都。在准确的史料中，我们可以了解到罗马城当时的公共建筑和私人房屋的状况：1790座私人住宅、46602间出租屋、190座粮仓、254座磨坊、8座广场、11座会场、36座凯旋门、11532个喷泉、28座图书馆、2个马戏场、2个圆形剧场、3家剧院、11家大型水疗中心和856家私人洗浴中心。

帝国各地的居民像潮水一样涌向罗马，希望能够在那里掘到属于自己的一桶金。移民中的很大一部分来自东方，尤其是叙利亚和埃及。他们特别偏爱那片叫作“台伯河外”的区域，也就是今天的特拉斯泰韦雷地区。

N
S
火焰路
萨拉路
诺塔路
台伯河
火焰门
匹斯山
萨拉塔门
萨斯花园
品加门
诺曼塔纳门
多米特花园
马戏团
军营
维阿
花园
多米特
花园
哈德良
陵墓
校园
萨米塔祭坛
雷诺安温泉
戴克里先温泉
奥雷
留斯门
体育场
君士坦丁
温泉
音乐厅
伊奎努斯山
特布提门
庞贝
剧场
马戏团
王皮兰花园
恺撒论坛
利亚
门廊
培斯提门
特里亚尼温泉
奥瑞丁格
培提门
兰苏村
艾米利
亚桥
剧场
海伦娜温泉
奥古斯都墓地
马戏团
戴克门廊
剧场
波比桥
阿斯纳门
恺撒花园
苏拉温泉
卡列乌斯山
商场
德亚温泉
玻图斯门
阿文提诺山
谷仓
卡拉卡拉温泉
特卡索山
奥斯丁门
拉提纳门
拉提路
0 200 400 600 km
奥斯丁路
阿皮亚门
台伯河
古典时代后期的建筑
渡槽

> 帝国时期的罗马。

他们还把自己信奉的神灵带来这里，并且很轻松地在罗马万神殿中为这些神灵找到一席之地——当时人们的宗教信仰还具有很强的多样性。当然，也有一些罗马人抱怨涌入的移民，这些人有一位代言人，他就是著名作家尤文纳里斯。在100年左右，尤文纳里斯曾用一个生动的比喻来表达自己对移民的不满，他这样说道："叙利亚的奥朗提斯河已经流入了台伯河。"不过这样的观点仅仅代表少数人，移民通常可以非常顺利地融入罗马的城市生活。这也是因为罗马人的先辈做出了积极的表率——早在君主制时代，罗马的议员就不仅有罗马人，还包括西班牙人、高卢人、希腊人和埃及人。

生活在罗马的民众完全有理由感恩他们的幸福生活，因为罗马作为政治中心和社会中心，享受了来自统治者更多的关心和重视。通过水渠，洁净的水流经数公里后进入城市，污水再通过大下水道排到城外。此外，从奥古斯都时代起，罗马就拥有了一支装备精良、训练有素的消防队伍，在遇到火灾时，他们能迅速就位。为了防止交通混乱和安全事故，恺撒还创立了史上第一个步行区。他颁布法律，明确规定所有车辆——包括马车、牛车、载重车、骑士和轿子，在日出后到日落前这段时间都不能进入这一区域。不过，日落之时，等在门外的车辆纷纷驶进步行区内，产生巨大的噪音，吵得人无法入睡。可以说，人们为了得到白日里的安宁，必须在夜晚付出沉重的代价。

79年8月，维苏威火山爆发，给原本富饶的那不勒斯海湾地区造成了巨大的破坏。正处于蓬勃发展中的庞贝城也未能幸免。幸运的是，火山的熔岩为这座城市提供了保护层。在庞贝古城被发现之后，我们终于能一窥古代城市生活的面貌。

> 罗马长距离水渠。

维科瓦罗
玛拉诺
蒂沃利
马达马宫
阿涅内河
苏比亚科
加利卡纳
科隆纳
斯卡蒂
罗卡帕
阿皮亚（公元前 312 年）
阿尼欧水渠（公元前 272 年）
马西亚（公元前 144 年）
特普拉（公元前 126 年）
伊利亚（公元前 33 年）
维尔戈（公元前 19 年）
阿尔西蒂娜（公元前 10 年）
克劳迪娅（38 年）
新阿尼欧水道（38 年）
特瑞安纳引水渠（109 年）
阿尔谢提那引水渠（226 年）
水渠的起点

灰烬和熔岩下掩埋的是一个极富活力的城市，它在火山爆发之时拥有 2 万居民，其中约 2000 人在这次灾难中丧生。在这座古城中，不仅有简单的住宅、商店和作坊，还有富人建造的宏伟别墅。就像罗马一样，庞贝的民众也享受了丰富多彩的业余生活。城里建有供角斗士表演的圆形剧场，那是意大利最早出现的这一类场所。它建成于公元前 1 世纪，比赫赫有名的罗马斗兽场还早 150 年。

富有的罗马人都拥有多处房产，一些在城中，另一些在乡下。乡下的生活对皇帝、贵族和议员而言，与对辛苦劳作的农民而言，是完全不同的概念。对于前者，在他们的别墅里，不论别墅位于城郊还是海滨，他们都可以接待朋友、安静地阅读或者休息。著名的政治家和作家西塞罗就拥有七座乡间别墅，尽管他并不属于收入最高的阶层。他的同事卢库卢斯的境况更好：他的很多别墅都因美食、盛宴而闻名，他也作为备受推崇的美食家亲自为宾客服务，奉上美味佳肴。

“我们的大海”
——地中海上的贸易活动

在古希腊罗马时期，地中海地区具有非常重要的枢纽地位，这里很早就形成了经济区。公元前 2 千纪中期，克里特岛的米诺斯人统治着地中海东部的主要航线。公元前 1000 年左右，腓尼基的水手带着贵重的玻璃、紫色染料和华丽的服装，从黎巴嫩海岸出发，前往遥远的西班牙，寻找令人垂涎的金属宝藏；希腊的船只则穿过爱琴海和黑海，一边捕鱼，一边寻找奴隶。

在罗马人的统治下，地中海成了大帝国的一部分，他们还骄傲地将地中海称为“我们的大海”。在这一地区，罗马人还在一定程度上发挥着警察的作用。公元前 1 世纪中期，将军庞培就曾指挥罗马的海上舰队，剿灭了驻扎在基里基岛的海盗势力，他们曾在希腊海域以及小亚细亚海域活动。从此以后，这片海域重获安全与平静。在罗马的庇护下，地中海上的贸易蓬勃发展，来自埃及和黑海周边地区的粮食终于可以安全地通过地中海海域，顺利到达意大利。

公元前 4 世纪，在亚历山大大帝进行了一系列征战之后，欧洲的贸易范围扩展到亚洲。在罗马帝国时期，印度与中国之间的贸易往来进一步加强。在欧洲，尤其是意大利，富裕阶层对丝绸和象牙一类的奢侈品有着强烈需求。1 世纪，为了购买来自远东

科西嘉岛
罗马
亚得里亚海
那不勒斯
巴里
巴利阿里群岛
撒丁岛
塔伦托
伊比利亚海
第勒尼安海
瑞吉欧
西西里
迦太基
锡拉库萨
爱奥尼亚海
小锡尔特湾
地 中 海
大锡尔特湾
古代航线

> 古代的商业线路。

黑 海
拜占庭
特洛伊
帕加马
莱斯博斯
小亚细亚半岛
以弗所
安提阿
米拉
罗得岛
拉迪群岛
克诺索斯
塞浦路斯
阿勒波
叙利亚沙漠
大马士革
凯撒利亚
耶路撒冷
加沙
佩特拉
埃及
孟斐斯
尼罗河
丝绸之路
底格里斯河
幼发拉底河
巴格达
巴比伦
0 100 200 300 km

> 希腊商人。依照海因里希·卢特曼绘制的图画后着色的彩色木版画，1865 年左右。

和阿拉伯的商品，意大利的贵族每年都要花费 1 亿塞斯太尔斯（古罗马货币单位）。这些商品大多走海路，先经过红海和尼罗河，再到达地中海地区。相应的，农产品和纺织品则从地中海地区出口到远东。

海路运输比陆路运输经济许多。不过不论对于国内贸易还是国际贸易，都有很多陆上交通线可供选择。中国、印度和波斯都通过古老的陆上线路和西方互通往来。有一些陆上线路是公元前 6 世纪由波斯人修建的，其中最著名的就是国王大道，这条长达 2500 公里的道路连接了波斯皇室所在地苏萨和位于小亚细亚的萨迪斯。其他一些线路则从地中海出发，向北延伸，这些通向波罗的海和北海的通商线路被统称为“琥珀之路”。

早期的商品交易主要采取以物换物的方式。随着贸易的不断

发展，人们开始把金、银作为价值单位。拉丁语中的“金钱”一词写作“pecunia”，这说明在贸易发展过程中，牛（pecus）曾被当作价值参照物。

公元前7世纪末期，人们首次铸造出硬币，并用其进行支付，从此开始了货币的历史。居住在小亚细亚西部的吕底亚人是这一重要工具的发明者。当时，吕底亚人开展贸易的区域非常广，所以他们亟须一种能够简化结算方式的工具。最早的硬币为椭圆形，由金银合金铸造而成。不久之后，希腊各城市也开始使用硬币，最开始是埃伊纳岛，后来是雅典、科林斯和锡拉库萨。

负责铸造硬币的部门，不论隶属皇室还是城市，都要通过图案和题字来保证硬币的真实性，确保硬币的重量和精细度。例如，雅典人使用的硬币上的图案是雅典娜女神的猫头鹰，科林斯人使用的是飞马。希腊化国家的国王和罗马皇帝将铸币推向顶峰。这一时期的硬币，正面呈现的是统治者的肖像，背面则往往是神话和宗教主题的图像。罗马皇帝还利用硬币背面的图案来向人民或者军队含蓄地传达信息，例如印上传奇人物奥古斯都的头像，就是想告诉民众，皇帝是一位乐善好施的君主。2 世纪以后，尤其是 3 世纪，罗马帝国的经济开始衰退，政府也降低了硬币的精细度。

一直以来，农业都是古代经济的支柱。贫瘠的土地在很大程度上限制了希腊农业的发展，希腊人民的粮食供应必须依靠进口。作为粮食供应者，罗马的普通农民需要和拥有大量奴隶的农场主竞争。

> 古希腊银币中，四德拉克马的标志是猫头鹰，它象征着城市女神雅典娜。制造于公元前 126 年或前 125 年。

巴尔米拉——贸易枢纽

叙利亚的绿洲城市巴尔米拉是古代最大的贸易中心之一。由于它位于多条重要商贸路线的交会处，所以巴尔米拉的商人发挥着联结东方与地中海地区的贸易的重要作用。

他们的活动范围远至印度和中国，他们从那里进口很受欧洲人欢迎的丝绸和香料。巴尔米拉也因此成为古代最富裕的城市之一，城市中的雄伟建筑时刻彰显着它的财富。巴尔米拉在公元前1世纪成为罗马帝国的一部分，享有独立的政治地位。3世纪，随着萨珊王朝的波斯人对罗马东部边界的威胁越来越大，巴尔米拉趁机摆脱了罗马人的统治，建立了独立的城市国家。在奥德奈苏斯的统治下，巴尔米拉帝国的疆土范围扩大至埃及。奥德奈苏斯被谋杀后，他的妻子芝诺比娅在267年接管了政权。这位“来自沙漠的女王”征服了小亚细亚和阿拉伯地区的其他领土。270年，她得到了“奥古斯都”的头衔，并因此宣称有权拥有罗马帝国的皇冠。罗马起初答应了她的要求，因为巴尔米拉帮助罗马抵御波斯人的进攻。272年，芝诺比娅的辉煌走到尽头，皇帝奥勒良击败了她的军队，女王以囚徒身份来到意大利。巴尔米拉这座沙漠之城则再次成为罗马帝国的一部分，后来又成为拜占庭帝国的一部分，直到7世纪被阿拉伯人占领。

除了务农之外，也有很多人从事手工业，并且有不错的收入。因此，希腊罗马时期的职业领域和社会分工颇为丰富。庞贝古城的遗址给我们提供了罗马帝国早期古代世界生活的缩影。

从遗址中可以看出，在维苏威火山脚下的一座城市里，就出现了多样的职业：司炉工、洗衣工、毛毡制造工、染色工、裁缝、金匠、床垫制造商、木材商、木材运输商、车夫、行李搬运工、理发师、农夫、酿酒师、面包师、经销商、律师、渔夫、酒吧服务生，等等。这些行业能在今天被我们知晓，是因为其从业者当时已经联合起来组成行业协会，并以展现行业特征的涂鸦的方式，推选代表自己行业的候选人进入市议会。当然，那个时候也有很多人对劳动者持蔑视态度，但这属于个人主观看法。在流

> 工作中的铁匠。墓碑，1 世纪。

传下来的文字记载中，我们只能读到上层阶级的观点。西塞罗曾将职业分为几类，一类被他称为“适合自由人从事的”，一类则被称为“不干净的”，包括税吏、高利贷者、不熟练的临时工和手工业者等。在最底端的则是那些“纯粹为他人服务”的职业，如鱼贩、屠夫、厨师、饲养员或者渔夫等。西塞罗有足够的资产供自己轻松生活，并且全身心地投入政治家和律师的工作。在他看来，阳光下只有一种职业是上天的恩赐：“在所有职业中，务农是最美好的、最值得自由人从事的工作。”

希腊人在这方面的看法和西塞罗并无太大差异。“门外汉”（Banause）这个词便出自希腊人，他们用这一名称来指代那些为了生存不得不辛苦劳作的人。从字面上看，这个名称表示在火炉边辛苦工作的工人，例如铁匠。这种带有严重轻视色彩的称呼自然是不公正的。这样的称呼只能代表权贵的偏见，并不能反映劳动人民的真正价值。

经济和贸易在整个古希腊罗马时期都是公共生活的重要组成部分，但值得一提的是，国家制定的经济政策未在其中占太大比重，统治者在经济领域产生的影响非常有限。尽管有一些军事行动乃是出于经济目的，但国家的经济规划并不由统治者掌控。托勒密王朝时，埃及统治者曾制定了严格的税收和金融政策，不过他们的主要目的也并非调控国家经济，而是尽可能地剥削人民。

这种被动局面直到罗马帝国时代才有所改变。率先做出改变的是 81 年—96 年执政的皇帝图密善。当市场上出现葡萄酒供应过量而粮食供应不足的情况时，皇帝就会颁布命令，禁止在意大利境内种植葡萄，并且将乡村种植的一半葡萄毁掉，以此来保护葡萄酒商的利益。301 年，为了应对物价不断上涨的局面，皇帝戴克里先颁布了限价令，进一步加强了国家对经济的干预。最后，国家出面为所有商品和服务制定了价格上限，皇帝的智囊团总共设定了 1000 种价格上限。可惜，设定价格上限完全没有达到预期的效果，就像我们今天看到的一样，这样只会滋生繁荣的黑市。

第四章

文明源头：希腊罗马的文化与科技

希腊罗马的神灵崇拜

希腊罗马的文学与哲学

希波克拉底与希腊罗马的医学

阿基米德与希腊罗马的科学技术

世界七大奇迹

> 柏拉图在雅典柏拉图学园的花园内给学生授课。数百年来，雅典都是古希腊罗马时期的文化教育中心。约翰・波佩尔的钢雕画，约创作于 1850 年。

多元与实用的信仰
——希腊罗马的神灵崇拜

4 世纪，基督教成为罗马社会的主流宗教。在此之前，宗教信仰非常多元。当然，在古代的埃及、波斯、希腊和罗马，一直都有一些受统治者偏爱的神灵，这些神灵也会在罗马万神殿中占有一席之地。

最著名的例子便是阿顿崇拜，埃及法老埃赫那顿（公元前1379 年—前 1336 年）将其引入埃及，并强制所有人信奉。埃赫那顿逝世之后，多神论回归，但犹太人始终坚持信奉一个神。在波斯，阿胡拉·马兹达是至高无上的神灵，除此之外，还有许多帝国神灵和地区神灵。

希腊人在宗教信仰方面也有类似的情况。早期，人们对神的信奉主要体现在拜物上。公元前 8 世纪，人们开始赋予诸神人的形象，并将这些神转移到奥林匹斯山，按照严格的等级秩序对他们进行排列。受宙斯领导的奥林匹亚诸神家族就仿佛尘世间的家庭，爱恨交织，喧闹不已。

宗教最重要的功能是消除人们对死亡的恐惧，从而平和面对生死。除此以外，并不能起到太大作用。

公元前 600 年，希腊城邦开始由贵族社会过渡到公民社会，希腊人的宗教信仰随之发生了根本性的改变。尽管奥林匹斯山上的神灵仍然享有至高无上的地位，但每个城市都有了自己的保护神。雅典人将女神雅典娜视为保护神，并定期举行庆典和游行，表示对女神的崇拜，例如在雅典举行的四年一度的泛雅典娜节。不过，领导者举办这些庆典，更多是为了增强城邦的凝聚力，而不是出于宗教目的。

在多元宗教信仰这一时期，圣地奥林匹亚和德尔斐在希腊世界有着跨区域的重要性。奥林匹亚是宙斯崇拜的中心。每四年，这里都会举行盛大的体育和音乐比赛，最初是为了纪念宙斯，后来其重要性就不止于此了。德尔斐的阿波罗神庙是太阳神阿波罗通过女祭司昭晓神谕之地，但女祭司往往采用模棱两可的方式宣布神谕，当神谕没有实现时，人们便被告知，那是因为他们没有明白神谕的意思。

尽管宙斯作为众神之王的地位能在名义上得到捍卫，但是狄俄尼索斯的影响力在不断提高，传说他是宙斯的私生子之一。这位葡萄酒之神和生育之神以其特有的狂欢仪式，向人们布施欢乐与慈爱，成为当时极具感召力的神灵。

在希腊化时代，随着亚历山大大帝的征战，希腊人的视野不断扩展，也开始了解到东方的神秘宗教。这些神秘宗教带给很多人一种特有的宗教安全感，这是他们之前在传统的奥林匹亚神灵世界那里从未体验过的。

在希腊化时代，人们还形成了神王观念，这一观念明显地体现在对统治者的崇拜中。和东方世界不同，希腊世界在此之前从未对任何真实的人产生过崇拜。在继承人战争之后，希腊化时代的国王们纷纷给自己加上诸如“救世主”“施善者”一类的封号。他们这样做，主要出于政治目的——希望为自己通过战争得来的统治权正名，使其合法化。而另一方面，战乱时期的人们也盼望

> 人们为火星神供奉动物祭品。大理石浮雕，约 48 年。

领袖人物的出现，给他们艰辛的生活带来一丝慰藉，就像公元前 3 世纪的颂歌《继任者德米特里》中描述的：“其他的神灵都太遥远，他们听不见我们，或者根本不关心我们。但我们能看到活生生的你，不是木头，也不是石头，而是真实的存在。”

罗马人的宗教原本是一种自然崇拜，他们认为自然界各种形态的背后存在一种神的意志，并将其称为“神力”。他们还通过意大利南部的希腊人认识了希腊的诸神，并赋予这些神罗马名称和意思。于是希腊人的宙斯变成了罗马人的朱庇特，阿弗洛狄忒变成了维纳斯。

罗马人的宗教信仰的一个显著特征便是实用性。虽然他们为神

修建庙宇，供奉祭品，但其中并没有真正的宗教感。罗马人将神看作合作伙伴，双方通过“虔敬女神”联系在一起，表明人与神之间的关系建立在相互履行义务的基础上——人们向神祈祷并供奉祭品，作为回馈，神庇佑人们，帮助他们获得成功。

罗马的统治在整个地中海地区不断扩张，远至日耳曼尼亚和不列颠。从宗教的角度来看，这意味着与其他陌生的神灵和神灵崇拜相遇。这些神灵都能顺利地在罗马万神殿中找到一席之地。一方面，罗马帝国的强盛很大程度上得益于宗教方面的宽容；另一方面，罗马人能将这些外来神灵和自己熟知的神灵很好地联系起来，仿佛只是给自己原有的神灵换了一个名字。

和希腊一样，公元前 1 世纪，东方的神秘宗教也开始进入罗马，罗马人对待这种神灵崇拜依然遵循宗教宽容的原则。但是，犹太人的宗教遭遇了别样的待遇。自公元前 2 世纪起，罗马城中就出现了犹太社区，从史料记载来看，犹太教一直面临被驱逐的危险。基督教同样被驱逐，甚至比犹太教的遭遇更为悲惨。64 年，尼禄在位时期，罗马城发生重大火灾，人们不公正地将责任推卸给基督徒，以此为由对他们进行迫害。3 世纪，在罗马帝国第一次危机期间，统治者甚至在全国范围内发起了对基督徒的大规模迫害。不过这一切与宗教无关，基督徒只是充当了替罪羊——人们指责他们，说他们的信仰惹怒了神，愤怒的神引来了战争、危机和灾难。

北海
不列颠尼亚
大西洋
比利时
日耳曼尼亚
卢格杜南西斯
高卢
坎塔布连海
雷提亚
里昂
阿奎塔尼亚
拉韦纳
马赛
达基
西班牙
意大利
科西嘉岛
罗马
默西
奥斯提亚
马
撒丁岛
新迦太基
第勒尼安海
爱奥尼亚海
科
毛里塔尼亚
非洲
迦太基
地
大莱普提斯
基督教核心地区（拥有数量众多的信徒，并对文化和行政管理产生重要影响）
基督教影响较弱地区
4 世纪初罗马帝国的边界

> 325 年之前基督教的扩张。

> 为传播基督教，使徒保罗在地中海地区进行了多次旅行。

地下墓穴

在大众的普遍认知里，地下墓穴是基督徒遭受迫害时的藏身之处和庇护所。但是这样的设想并不符合事实。地下墓穴这一名称来源于罗马城附近的一个采石场。在基督教诞生之初，这里有大规模的、埋葬基督徒的地下坟墓。那时人们更多采用火葬，而非土葬。很多人选择社区大墓地，是因为独立墓地价格不菲。不过，除了可以大大节省开销以外，选择社区大墓地还可以加强社区成员间的联系。保存最为完好的社区大墓地位于罗马城附近的阿庇安大道。在古代，墓地从未建在封闭的社区中，而总是分散修建。罗马人习惯将死者埋葬在通往城外的宽阔街道边。

“一切始于希腊人”
——希腊罗马的文学与哲学

“一切皆始于希腊人”，只要你翻开一本欧洲文明史，几乎总会读到这样的描述。古希腊人的确在精神生活的诸多领域是引领者。在古希腊人之前，只有埃及、美索不达米亚和安纳托利亚的高级文明在文化方面做出了开拓性的贡献。在古代欧洲，希腊人是无与伦比的典范，尤其对于罗马人而言。因此，罗马人始终坚守着希腊人的遗产，并将其传承至今。

荷马是古希腊诞生的第一位诗人，他的生平我们却很难知晓。公元前 8 世纪，以他为名，出现了两部关于特洛伊战争的史诗——《伊利亚特》和《奥德赛》。

公元前 700 年，来自比奥西亚的作家赫西俄德发表了两部长诗，一部关于神灵世界的诞生，名为《神谱》，另一部关于人类社会，名为《工作与时日》。

公元前 5 世纪是古希腊文学的鼎盛时期，即所谓的古典时代，其间出现了三大悲剧作家。第一位是埃斯库罗斯，他将《波斯人》《七将攻忒拜》以及《乞援人》等经典剧目搬上舞台，还对希腊戏剧进行了重要的创新——引入第二名演员（之前希腊戏剧中只有一位演员），使情节设计有更多可能性。他的作品在西西里岛的锡拉库萨取得了巨大成功。第二位是索福克勒斯，他创

萨弗的诗歌

萨弗是欧洲文学史上第一位女诗人，生活在公元前 7 世纪下半叶至前 6 世纪上半叶，家乡在希腊的莱斯博斯岛。她结交了很多贵族女青年，后来还成为爱情的偶像。她们集结的主要目的是组织一个和男性贵族俱乐部同等的团体，同时，也以这种方式来为婚后生活做准备。萨弗的诗歌反映了那个时代贵族女性的生活。爱情、和谐和美貌是她作品中反复吟诵的主题，当然也有不幸的爱情造成的痛苦（萨弗对此的描述是“苦涩的甜蜜”）。萨弗的大部分作品都已经失传，总共大概有 12000 行诗，其中有 193 个片段得以流传至今。不过，这也足以让我们一窥欧洲第一位女诗人的创作水准。

> 希腊女诗人萨弗。詹姆斯·普拉迪尔创作的大理石雕像，1852 年。

道尼亚
亚 得 里
那不勒斯
埃娜特利亚
第 勒 尼 安 海
爱
特拉帕尼
帕诺尔莫斯
西西里岛
迦太基
锡拉库萨
地 中 海
埃涅阿斯的路线
埃涅阿斯的据点
城市

> 埃涅阿斯的路线。

色雷斯
马其顿
安提阿
特洛伊
伊庇鲁斯
爱 琴 海
色萨利
莱斯博斯岛
帕加马
亚克兴角
艾托利亚
雅典
科林斯
以弗所
阿卡迪亚
米利都
提洛岛
斯巴达
皮洛斯
基克拉迪群岛
基西拉岛
克 里 特 海
克里特岛

作的《埃阿斯》《安提戈涅》《俄狄浦斯王》均为经典的传世之作。第三位也是最年轻的，叫作欧里庇得斯，他创作了 90 多部作品，有 19 部流传至今。直到今天，《赫卡柏》《厄勒克特拉》《特洛伊妇女》等还在上演。

喜剧作家的杰出代表是雅典人阿里斯托芬。在他包含 46 部作品的全集中，有 11 部戏剧完整地流传至今。喜剧对阿里斯托芬以及他那些（不那么成功的）同行而言，首先意味着政治喜剧。他最喜欢的创作主题是伯罗奔尼撒战争，这场发生在阿里斯托芬创作高峰期的战争震撼了整个希腊世界。阿里斯托芬大都以讽刺甚至有些粗暴的方式来表达人民追求和平的愿望。在《阿卡奈人》中，他描写了一个普通的农夫，代表自己的家庭前去和斯巴达人议和。在《利西翠妲》中，妇女们发起了特殊的罢工：她们拒绝和丈夫发生性关系，想以此来逼迫他们结束战争。

公元前 5 世纪是希腊历史学的第一个全盛时期。被西塞罗誉为“历史之父”的希罗多德就希腊人与波斯人之间的战争发表演讲，演讲的内容不仅包括政治与军事，还涉及地理、文化以及日常生活。从这一点上看，他比竞争对手修昔底德更符合现代演讲的要求。希罗多德非常关注政治和战争方面的内容。他当时使用的一些写作手法，今天仍然适用。他对原因和起因这两个概念进行了明确的区分，并就历史是否有意创造给出了清晰的回答。这位勤于思索的历史学家认为，历史的发展遵循周期性规律：历史会重演，因为人不会改变，当他们遇到相似的情形时，会采取相同的做法。

罗马人对希腊人的创作才华佩服得五体投地，以至于他们自己长久以来都没有对文学做出贡献。而且值得一提的是，罗马的第一位诗人竟然是希腊人。他是卢修斯·李维乌斯·安得罗尼库斯，出生在意大利南部的希腊殖民城市塔伦图姆。公元前3世纪中叶，他将荷马的《奥德赛》翻译成拉丁语，之后还将一些希腊剧本翻译成拉丁语。

直到公元前1世纪，罗马的文学家终于开始走出希腊同行的阴影，创造出了伟大的作品。尤其是得到皇帝奥古斯都（公元前63年—公元14年）庇护的那些作家，作为对皇帝的回报，他们创作了大量具有积极政治意义的诗篇，如维吉尔创作的《埃涅阿斯纪》和贺拉斯创作的颂歌和史诗。

奥维德创作的《变形记》属于里程碑式的作品，但作品中有大量关于爱情的描述，这触犯了思想保守的皇帝，奥维德因此被流放到黑海边的托弥。卢克莱修也是一位影响深远的作家，他在哲理长诗《物性论》中强调了理性原则的重要性。李维是这一时期著名的历史学家，他的写作有着鲜明的罗马特色。他在《罗马自建城以来的历史》中，将罗马的历史描述为充满英雄主义和爱国主义精神的连续画卷。塔西陀则对历史抱有更理性的态度。在有关早期罗马帝国的作品中，他对新的政治制度提出了批评，认为元首制限制了贵族的自由。苏维托尼乌斯创作的《罗马十二帝王传》将古罗马的文学创作推向了新高度。凭借这部作品，他创造了传记这种新的文学体裁。艾因哈德在中世纪创作了《查理大帝传》，将传记文学进一步推向前进。希腊人普鲁塔克是比较列传的开创者，他在《希腊罗马名人传》并列描述了一个著名的希腊人和一个著名的罗马人，他这样写作的目的是：在罗马人统治世界的时代，唤起人们对希腊人伟大功绩的记忆。普鲁塔克经常采用夹叙夹议的手法，常常从对一件事的叙述中引出自己的思想，以帮助读者从正面或者负面的生活事件中吸取经验教训。他

> 《阿伽门农》上演时的场面，这是埃斯库罗斯创作的《俄瑞斯忒亚》三部曲中的第一部。根据海因里希·卢特曼的素描后着色的木刻画。

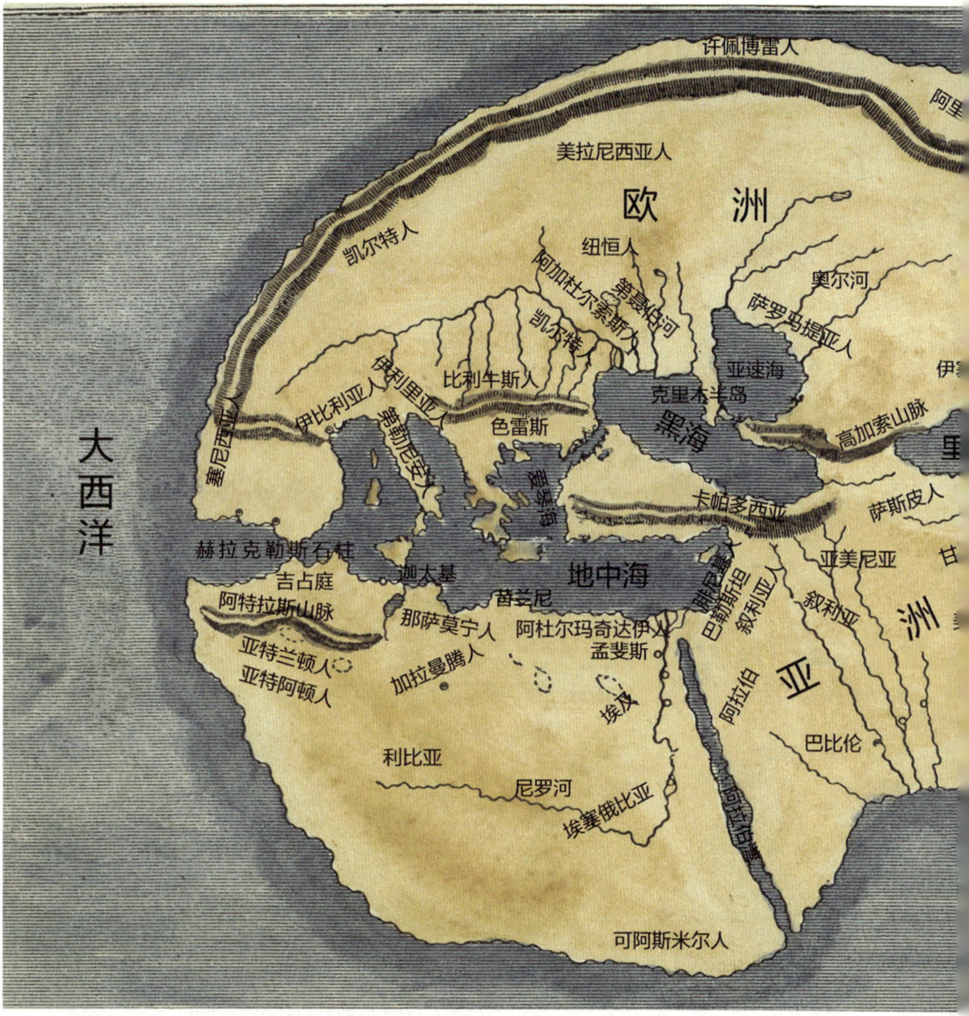

> 希罗多德绘制的地图。后着色的彩色木版画，1867 年。

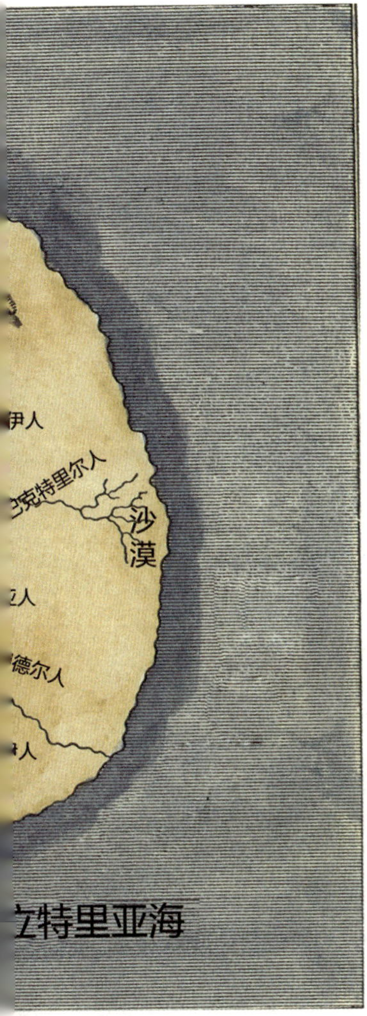

倡导的伦理观念对文艺复兴时期人文主义思潮的兴起起到了极大的启发作用。

普鲁塔克还是一位哲学家，不过在哲学方面他并未留下深刻的印记。在哲学领域，其他人做出了更卓越的贡献。古希腊哲学最初关心的问题是世界与自然的本质。以米利都的哲学家泰勒斯为代表的爱奥尼亚学派就这一问题给出了答案。泰勒斯同时也是数学家、天文学家和地理学家，他主张水是构成自然界的基本物质。他教授了一众天资聪颖的学生，这些学生有的持不同观点，认为构成自然界的基本物质不是水，而是空气或其他某种不确定的物质。后来很多智者都沿用泰勒斯的模式去探求自然界的本原。

自然哲学的重要代表是德谟克利特。这位来自希腊北部城邦阿布德拉的学者是原子论的奠基人，他将原子（所谓“不可分割之物”）视为世界和生命的基础。

古希腊的哲学家不仅关注自然界的构成，也关注国家的运转，不断思考着国家和社会的理想模式。其中最著名的代表便是柏拉图，他在雅典郊外建立了

犬儒学派

犬儒派是不同于斯多葛学派和伊壁鸠鲁学派的第三个哲学派别，他们在希腊化时代力图彻底打破传统和习俗。该名称源自古希腊词语“狗”，最初是反对者对他们的称呼。犬儒学派欣然接受了这个称呼，并认为这一称呼恰如其分地描述了他们狗一般的生活方式。这一学派的代表人物是来自锡诺帕的第欧根尼，他本身就是那个时代的怪异分子。他认为自足和随心所欲是通往真正人性的唯一正确道路，自己也按照这样的理念行事，有意穿简朴的衣服，居住在狭小的木桶里，还刻意触犯世俗崇尚的美德。他极其放肆的性生活和对食人主义的推崇非常惊世骇俗。有很多关于第欧根尼的传闻轶事，其中最著名的一件莫过于他和亚历山大大帝的相遇。他们相遇时，亚历山大问第欧根尼，能为他做些什么，第欧根尼回答说：“请别挡住我的太阳！”今天我们大都用“愤世嫉俗”来形容犬儒学派的思想，其中包含着尖刻的嘲笑和辛辣的讽刺。

以他自己的名字命名的学园——柏拉图学园，数百年里，那里都是古希腊最重要的文化中心之一。柏拉图的学生亚里士多德在和亚历山大大帝断绝师生关系后，也在雅典建立了一所哲学学校。除了国家和社会之外，亚里士多德还对伦理学甚感兴趣，他的著作《尼各马可伦理学》便在这一领域产生了深远影响。

古希腊哲学在发展到一定阶段之后，才认识到人的意义——准确来说，是尽可能幸福的人的意义，即不是将人看作社会的一部分，而是独立的个体。最早指出这条道路的哲学家是苏格拉底。这位来自雅典的助产士家庭的哲学家并未建立特殊的哲学流派，他更关注如何帮助人们形成正确的认识。他会向对话者刨根问底，并将他们带入无言以对的境地。但苏格拉底又会将他们从这一境地中解救出来，他就像助产士一样，通过阐述，一步步带领对话者走向真理。不幸的是，

> 这幅波斯插画想象了亚历山大大帝和七位希腊罗马圣贤（苏格拉底、柏拉图、亚里士多德、泰勒斯、阿波罗尼奥斯、安纳托留斯和波菲利）在一起的情景。波斯插画，16世纪。

他最终被判死刑，喝下毒酒后身亡。

公元前3世纪正处于希腊化时期，人们面对着大量新事物对旧观念的冲击，伊壁鸠鲁学派和斯多葛学派应时而生。伊壁鸠鲁出生于萨摩斯，主要在雅典生活和工作，他倡导享乐主义，这个词本意指“快乐”，却经常被误解为一种无节制的生活。其实，伊壁鸠鲁真正提倡的是帮助人们消除对众神和死亡的恐惧——众神和死亡是两大恐惧之源——使人们成为幸福的、安定的个体。他还将这种理想状态称为“心神安宁”。伊壁鸠鲁的追随者将他的思想整理为更加简洁的、直到今天还经常被引用的表述——及时行乐。

斯多葛学派的创始人芝诺和伊壁鸠鲁有着类似的观念。芝诺大约于公元前 334 年出生在塞浦路斯的季蒂昂，去世于公元前 262 年左右。他在雅典集会广场的画廊聚众讲学，他建立的哲学学派因此而得名，也有人称其为“廊下派”。为了实现精神上的宁静，芝诺提倡禁欲主义，即以淡漠的心态面对一切好与坏，也就是我们今天所说的“清心寡欲”。此外，他还提倡多元政治，因为随着亚历山大大帝的征战，希腊人认识的世界变得越来越大，政治事务不再局限于以前的城邦之内。

相较伊壁鸠鲁学派，斯多葛学派在罗马有着更多的支持者，塞涅卡和热爱文学的皇帝马可·奥勒留都是这一学派的支持者。但是罗马的哲学家没有或者很少提出自己的观点，就连西塞罗也认为，在国家政治和伦理方面，他的主要任务不是提出原创的思想，而是将希腊人的学说本土化。

“西方医学之父”
——希波克拉底与希腊罗马的医学

那时候，人们若是生了病想要治疗，有两个选择。一是祈求医神阿斯克勒庇俄斯，为此必须去往他的庇护所，例如埃庇道鲁斯、帕加马或者科斯岛。病人祈求前，必须先向手持蛇杖、守护神灵的祭司支付一大笔费用，然后会被带去专门的房间——宿庙求梦，等待神祇显灵。从染病初期到疾病发作的那段时间，人们往往是在庇护所度过的。那时的病人或者体弱者都深信，他们在医神庇护所的特定房间睡一宿之后，第二天一早便能健健康康地离开。

在医神阿斯克勒庇俄斯那里，的确有病人梦想成真，在睡觉过程中痊愈。庙宇中张贴着患者表达谢意的题词，讲述着一次次神奇的经历。例如，有一名女子，怀孕五年，却始终不生产，于是她向医神求助，在神庙中睡了一宿，离开后立即生了一个儿子，而且孩子一生出来就到一个喷泉洗澡，还和妈妈一起走来走去。古人相信，坚定的信仰在诸如此类的疗愈中发挥了神奇的作用。

病人的第二种选择就是去看医生。在古埃及和古美索不达米亚都有懂医术之人，当然，他们的医术还非常有限，尽管他们能利用精湛的解剖学知识将尸体做成木乃伊，也从不惧怕做复杂的骨科手术。不过，从考古发现的护身符来看，医生在遇到疑难病

> 阿斯克勒庇俄斯的庇护所。

托米斯
敖德萨
黑　海
阿波罗尼亚
拜占庭
查科顿
尼科德
特洛伊
特里卡
色萨利
爱琴海
莱斯博斯
帕加马
萨德斯
瑙帕克托斯
德尔斐
苏纳
斯科恩
雅典
以弗所
科林斯
米利都
特基亚
哈利卡索斯
墨西拿
斯巴达
科斯岛
皮洛斯
斯波哈德
罗得岛
基西拉岛
基克拉迪群岛
克诺索斯
克里特岛

帕加马的阿斯克勒庇俄斯庇护所

位于帕加马的庇护所是最重要的阿斯克勒庇俄斯庇护所之一，它能为来访者提供他们想要的一切，就连帕加马的国王也是医神的积极拥戴者。这座位于温泉附近的庇护所在罗马帝国时达到鼎盛。慷慨的资助人对这片宽广的场所进行了极尽奢华的设计。走过繁华的主干道便可来到圣区，圣区除了拥有用于医疗的建筑之外，还有其他一些设施。尤其吸引来访者的是丰富的文化活动，人们可以观看戏剧演出，放松心情。帕加马剧场能容纳 3500 名观众，由此可见访客人数之多。这里还有藏书丰富的图书馆供来访者学习、使用。帕加马庇护所拥有如此精心排布的设施，即使与今天的疗养地相比也毫不逊色。

> 这里曾举行过用伊特鲁里亚语记载的葬礼礼仪（前 5 世纪）。

> 一幅关于古代名医盖伦和希波克拉底的壁画。创作于 12 世纪早中期。

症时也会向神灵求助。

这种情形直到希波克拉底学说的出现才得以改变。希波克拉底被西方尊为“医学之父”，他生活和工作在科斯岛，这里正是医神的庇护所所在地。希波克拉底为古代医学带来了强大的创新动力。在他之前，就连许多医生都认为疾病是神灵造成的。希波克拉底告诉他们，所有疾病都与人体的器官有关。

医生必须找出病因，并采取相应的治疗手段。为了解释病因，希波克拉底提出了体液病理学，即关于体液的学说。他所说的体液指的是血液、黏液以及黄色和黑色的胆汁。他还写明了这些体液的不同来源和特质，不同的体液组合也会对人的身体状况造成影响。他认为，体液的“混乱组合”是造成疾病的原因。他还认为，气候也会对人的身体状况造成影响。他的学生将他极具前瞻性的思想汇编成册，名为《希波克拉底文集》。从“关于关节的连接”“关于头部受伤”“关于处女的疾病”等标题，我们可以看出，这位医生的研究领域非常广泛。

向阿斯克勒庇俄斯求助，还是向希波克拉底求助？更多病人在选择的时候，依然会选择他们熟悉的医神。尽管如此，在希波克拉底之后，医学仍然得以向前发展。在科学之风盛行的希腊化时期，医学研究属于重要的王室资助项目。

埃及的托勒密王朝在这方面的表现尤为突出。他们在亚历山大港的博物馆建立了解剖学研究机构，主要从事外科手术的研究。他们也采用活体解剖的方法，在活人的内脏中进行手术实验，实验对象是被判刑的罪犯。

希波克拉底之后，另一位伟大的医生是来自帕加马的盖伦。他进一步发展了希波克拉底的体液病理学，并借助解剖学对疾病进行了系统化研究。作为医生，盖伦有着不凡的职业经历。他最初在帕加马工作，然后在罗马担任角斗士的医生，在此期间他接触到各种外伤，为他日后的医学研究提供了宝贵的资料。后来，罗马皇帝马可·奥勒留任命他为自己的儿子康茂德的私人医生。但对于当时正在罗马蔓延的瘟疫，伟大的盖伦也无计可施。

“力学之父”
——阿基米德与希腊罗马的科学技术

根据古代伟大的传记作家苏维托尼乌斯的记载，某一天，有一位工程师走到罗马皇帝韦帕芗面前，向他提出一个诱人的方案：他能够制造一种新型机器，利用这种机器，能轻而易举地将重型石柱运送到罗马国会大厦。

韦帕芗对这个方案很感兴趣，还特意给这位工程师一份重赏，不过他委婉地拒绝了在工程中使用这一机器的建议。他表示，不会允许别的东西夺走人民的工作机会。

这件轶事清楚地反映了古代人对技术的态度。对于统治者而言，工作岗位远比先进技术重要。韦帕芗更关注的是国民的工作机会和收入，而不是兴建的工程能否凭借采用的新技术而被载入史册。古代东方到古希腊，再到古罗马，技术革新一向有巨大的潜力。“技术”（Technik）一词也有古老的渊源，尽管古今含义有所不同。古希腊人将每一项技能或者技艺都称为“téchne”。机器（machine）作为技术的产物，源自古希腊语“Mechané”（拉丁字母转写），意指工具。

古代技师谋生并不容易。一方面，上层阶级出于对人民的工作机会的顾虑，没有意愿对技术进行合理化改进；另一方面，在农田、矿场和建筑工地上都有大量奴隶，劳动力非常廉价。唯一

不列颠尼亚
日耳曼尼亚
高卢
卢格杜南西斯
大 西 洋
贝尔吉卡
雷提亚
诺里库姆
阿奎达尼亚
纳尔榜南西斯
达尔马提
塔拉戈南西斯
马赛
意大利
卢西塔尼亚
西班牙
科西嘉岛
罗马
巴利阿里群岛
撒丁岛
新迦太基
第勒尼安海
伊比利亚海
梅萨纳
西西里
廷吉塔纳
毛里塔尼亚
努米底亚
迦太基
恺撒里恩西斯
阿非利加
117 年之后的罗马帝国
城市
城市之间的道路网

> 罗马帝国的道路交通网。

黑 海
西亚
色雷斯
其顿
比提尼亚
本都
亚美尼亚
亚述
爱琴海
加拉提亚
卡帕多西亚
美索不达米亚
底格里斯河
以弗所
米利都
潘菲利亚
安提阿
吕底亚
幼发拉底河
塞浦路斯
克里特岛
大马士革
推罗
叙利亚
中 海
犹大
兰尼
亚历山大港
阿拉伯
埃及

加尔桥

位于法国南部的加尔桥是古罗马先进的水利技术最具代表性的杰作，直到今天依然令人叹为观止。它的作用是将周边温泉的泉水引至尼姆，供居民使用。加尔桥横跨于加尔河之上（它也因此而得名），高度为 49 米。在最高处设有三个拱廊，位于桥上的管道全长 275 米。建造加尔桥耗费了整整 3 年。建成之后，它为尼姆的居民提供了稳定的水源，直至 4 世纪。后来，随着罗马统治的渐渐衰落，时局艰难，加尔桥这颗罗马渡槽中的璀璨珍珠最终被弃用。

例外的情况来自高卢人，他们使用了一种靠牛拉动的收割机。4 世纪的农业作家帕拉弟乌斯对这一种机器进行了如下描述：“只需要在短时间内来回几次，就可以收割完整片土地。”

此外，当时的人们也缺乏企业家精神。当权者和贵族害怕承担任何风险，并且完全没有投资意识。但要想推广某一项新技术，投入资金是必要的前提。

此外，上层阶级不放过任何一个诋毁、抹黑技术人员的机会，这也给他们的工作带来负面影响。在古希腊，那些靠技术吃饭的技术人员常常被称为“门外汉”，这个词最初被用来统指那些围着炉火工作的手工业者，后来成为对所有手工业者的称呼。而他们的工作，在统治阶级或者贵族看来，远没有达到合格的水准。

基于上述原因，古代技术人员的工作很难得到认可。他们的成果清单上只简单写着这些字样：齿轮、螺钉、旋转磨、水磨、螺旋压力机、玻璃吹制、石材砂浆、青铜空心铸件、测验屈光度、扭转弹射器、水钟、水风琴和自动装置。但是直到今天，我

> 伟大的古希腊数学家、物理学家和工程师阿基米德。木版画，18 世纪。

们仍然可以发现那些古希腊罗马时期的令人惊叹的技术杰作，例如复杂的长距离引水系统，还有罗马帝国修建的笔直的公路，总长近 10 万公里，形成了巨大的交通网络。这些道路，从地下层到表层，一共包含五层结构，材料采用沙子、石头和石灰砂浆等。这些工程都是古代工程师们的辉煌成就。

古代的统治者唯一不讲节约的技术领域就是军事。希腊化时代的国王和罗马皇帝都把大量金钱用在研制武器装备和攻城装备上。正是在这一领域，古代技术人员创造了非常了不起的成就，但这些成就都被计入王室名下，因为技师是受他们委托进行的研发和生产。例如，锡拉库萨的僭主狄奥尼修斯一世召集了一众技术人员为自己设计和生产武器，并凭借这些武器打败了迦太基

海伦的自动贩卖机

古代的技术人员并没有太多机会让他们的发明实际服务于人，所以很多发明家费尽心思发明一些有趣的东西。在这方面做得最好的无疑是希腊人海伦。他在 1 世纪向人们展示了一项神奇的发明——全自动的木偶剧，讲述的是和特洛伊传说相关的纳普里奥斯的故事。水风琴、水钟都是这位伟大发明家的杰作。不过他最大的成就是发明了圣水自动贩卖机。他将这台机器放在神庙门口，朝圣者投入五个金币后就会出来相应量的水。海伦设计的自动贩卖机遵循气动或者液压原理——这主要取决于该机器是采用空气还是水作为动力。

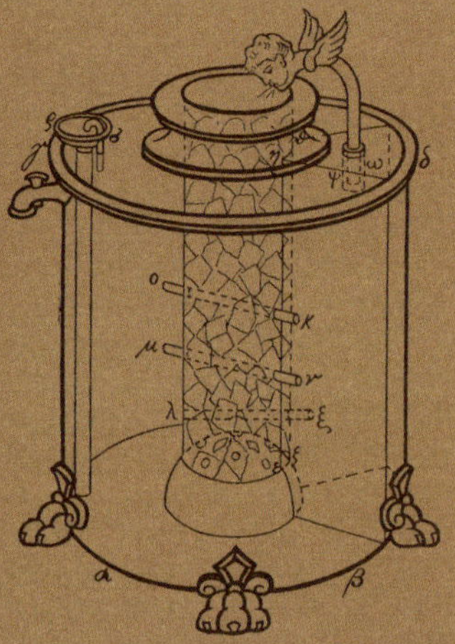

> 罗马浴炉，由海伦设计，可以在井筒内放置燃烧着的煤来加热水。木刻版画，约 110 年。

人，也为自己赢得了“战神将军”的美誉。在继任者战争中锋芒毕露的一位继任者还自封为“攻城者”，其实他依靠的也主要是精良的武器装备。罗马皇帝同样依赖军事技术人员的创新成果。塔西佗曾在 2 世纪就军事技术人员的成果发表如下评价：“对于平民而言，最陌生的莫过于进攻战术中的机械，但我们绝对了解这些机械在战争中的重要性。”

古代军事技术人员中的无冕之王当属阿基米德，他的声望甚至超过了委任他的王室成员。这位天才的希腊人主要生活和工作在西西里岛的锡拉库萨。在那里，他受国王喜厄隆二世的委托，完成了一系列突破性的发明和发现，所以他的盛名一直流传至今。著名的“阿基米德定理”也是他发现的。大师本人对这个有关浮力的定理做了如下描述：“浸在液体中的物体排开液体的重量，等于物体受到的浮力。”据说阿基米德是在洗澡的时候发现了这个定理，并高兴得大呼“Heureka”，意为“我发现它了”。

他发明了滑轮和引水用的水螺旋，甚至还作为军事技术人员被写进了历史。在他研究生涯的末期，也就是第二次布匿战争期间，罗马人想从海路攻占他的家乡锡拉库萨，阿基米德早已准备好一座武器库来迎接他们，以至于罗马人感觉是在和愤怒的神交战，而不是在和人类交战。投石机朝港口发射巨大的石头，城墙后面立起巨大的起重机，机械手伸向船上直接抓起罗马的船员，然后将他们从最高点垂直扔进大海。

尽管拥有一流的武器，阿基米德还是未能拯救他的家乡。罗马人趁锡拉库萨人稍不注意冲破了防线。一个罗马士兵在一个花园中发现了阿基米德，他正在沙土上摆放几何小人。士兵想要带走阿基米德，遭到断然拒绝，士兵一怒之下拔剑将他杀死。

宏伟的人类智慧结晶
——世界七大奇迹

对许多古代人而言，"七"是一个有魔力的数字。这个数字的特殊地位要追溯到古巴比伦的学者，他们在进行天文观测时发现了七颗行星，"七"这个数字从此具有了神圣性。

作为东方文明与科学的积极接受者，古希腊人对"七"这个数字也怀有特别的敬意。对于任何重要或者神圣的东西，他们都会将其打包起来，贴上带有数字"七"的标签。当时最有智慧的人还成了一个名为"七贤"的团体。悲剧作家埃斯库罗斯创作过一部名为《七将攻忒拜》的戏剧，里面涉及七位英雄。古代人就荷马的出生地进行了长久的争论，最后他们也将最有可能的城市限制为七个。古罗马人作为古希腊人的优秀学生，自然学习到这种用法，有了自己的"七王""七丘""七艺"等。

在这样的背景下，人们自然地将最好的、最美的、最雄伟的建筑归结到和"七"有关的概念中。于是人们列举出了建筑的"七大奇迹"。进入这一名单的建筑并非由某个评审委员会投票得出，而是由众多学者、历史学家、考古学家经过数十年甚至数百年的讨论得出的。每个人都有自己心仪的对象，"七大奇迹"的荣誉最终花落谁家则取决于提名者的权威和影响力。这场伟大建筑的争夺结束于公元前 1 世纪。古罗马政治家瓦罗就讨论结果进

> 金字塔的修建。根据海因里希·卢特曼的绘画后着色的木刻版画，约 1880 年。

行了总结，总结陈词的标题就是“令人叹为观止的七大奇迹”。那之后的建筑失去了进入这一名单的机会，尽管它们同样壮观和特别，例如罗马斗兽场和君士坦丁堡的圣索菲亚大教堂。

罗马的建筑也未能进入这个主要由希腊人整理的名单。名单中排在第一位的是埃及法老的象征——金字塔，它也被视为最早的纪念碑，切切实实地满足了世界奇迹的标准。

埃及的金字塔绝不仅仅因为高大而闻名，人们也惊叹于建造金字塔需要的技术和智慧。有许多关于建造金字塔的离奇故事与传说，历史学家希罗多德就是这些故事的主要记录者之一。据他的记载，在修建金字塔的过程中，通常有 10 万人同时在工地劳作。这一数字显然有些夸大。另外，认为金字塔完全依靠奴隶修建而成的看法也是站不住脚的。很多处于农闲期的自由农民被法

> 古希腊罗马时期的“七大奇迹”。

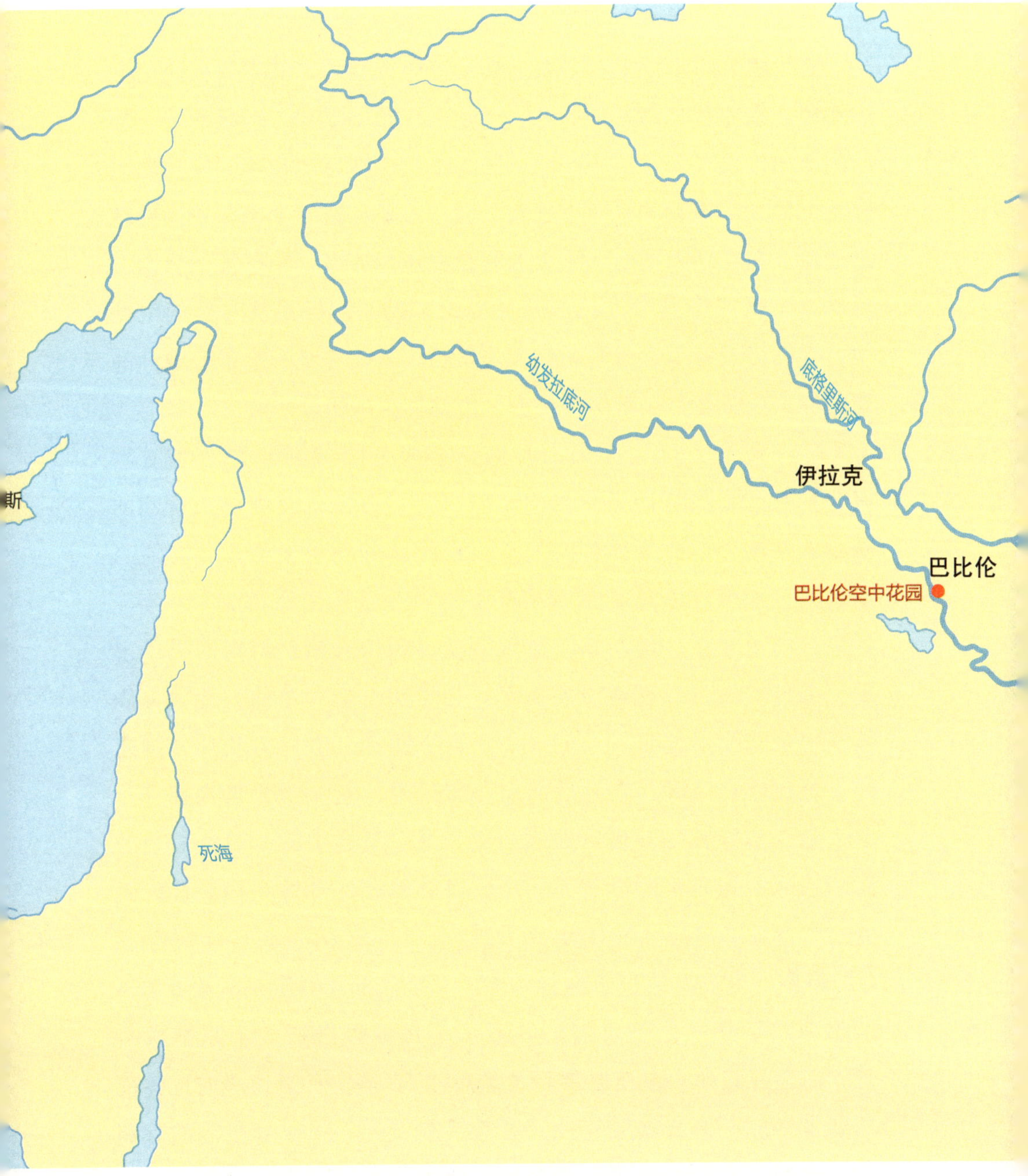
斯
幼发拉底河
底格里斯河
伊拉克
巴比伦
巴比伦空中花园
死海

老召集过来，为他修建象征永恒的纪念碑。

依照建筑的年代来看，在七大奇迹中位列第二的当属巴比伦空中花园。谁要想一睹它的真容，必须去尼布甲尼撒二世统治的、繁华的巴比伦城。公元前 605 年—前 562 年，在这座位于幼发拉底河畔的世界之都执政的尼布甲尼撒二世一心要打造一个无与伦比的城市地标。在规划方案中，宏大的宫殿群还包含有一个巨大的公园。尽管这个世界奇迹今天已经消失得无影无踪，但是从古代的记载中，我们仍然可以设想这座伟大建筑的风采。它是一个精心设计的花园群，花园分布在数层楼台上，仿佛在空中飘浮一般。

第三大奇迹位于今天土耳其西海岸的以弗所。公元前 6 世纪，富有的吕底亚国王克洛伊索斯出资，为极受亚细亚人欢迎的狩猎女神阿尔忒弥斯修建神庙。成群结队的朝圣者从世界各地来到这里，使得这座建筑在希腊本土也享有盛誉。公元前 356 年，这座神庙遭遇了一场劫难。传说一位名叫黑若斯达特斯的男子出现了某种幻觉，疯狂地想要成名。为了实现这一目的，他放火烧毁了阿尔忒弥斯神庙。人们很快开始了重建工作，20 年后，神庙终于重现往日风采。在之后的动荡年代中，它又遭哥特人掠夺。后来随着基督教日益盛行并逐渐成为最主流的宗教，曾经辉煌的阿尔忒弥斯神庙走向没落。如今，只有沼泽地上的一根石柱诉说着这个世界奇迹的昔日辉煌。

第四个世界奇迹位于奥林匹亚。在公元前 470 年—前 456 年，这里建起了众神之王宙斯的神殿，不过世界奇迹并不是神殿本身，而是神殿内的宙斯巨像。神像高达 12 米，身躯伟岸的世界统治者宙斯左手握着鹰冠权杖，右手手掌上有一座戴着皇冠的胜利女神雕像，欣慰地望着前来朝圣的信徒。这座雕像出自那个时代

> 土耳其爱琴海海岸的这根石柱是阿尔忒弥斯神庙的唯一遗存。

> 位于哈利卡纳素斯（今土耳其博德鲁姆）的摩索拉斯陵墓，根据费迪南德·纳布的绘画所作，后着色的木刻版画，1886 年。

最著名的雕塑家菲狄亚斯之手，雕塑使用了最好的材料，因为人们认为只有黄金和象牙才能向至高无上的宙斯表达敬意。

第五个世界奇迹是摩索拉斯陵墓，它是我们直到今天都将大型陵墓称为“Mausoleum”的缘由。据记载，公元前 353 年，有一位名叫摩索拉斯的王子在希腊城邦哈利卡纳素斯（今小亚细亚西南海岸的博德鲁姆）逝世，这便是他的陵墓。在古代，国王和贵族的陵墓都是他们在世时就规划好的。

不幸的是，摩索拉斯英年早逝，没来得及看到自己陵墓的全貌。当人们见到建成的摩索拉斯陵墓时，就更加为它的雄伟壮观感到惊讶。陵墓高达 50 米，拥有三级基座，基座上是由 36 根柱子构成的连拱廊，再往上是金字塔形的屋顶，由规则的 24 级台阶构成。这座古代的建筑奇观如今只剩下些许残垣断壁。13 世纪的一次地震给陵墓造成了巨大破坏，剩余部分也因医院骑士团的洗劫而再次遭受重创。骑士团为了修建要塞，将摩索拉斯陵墓当作采石场，从中获取建筑材料。

根据并不完全确凿的史料，罗得岛太阳神巨像是七大奇迹中建造耗时最短的一个。设计师和建筑师经过 11 年的辛苦工作之后，终于在公元前 282 年完成了这件作品。巨像在公元前 226 年的一次地震中被毁。这是一座高达 32 米的太阳神赫利俄斯的青铜雕像。爱琴海岛屿上的居民之所以修建这座雕像，是因为他们在一次遭遇围困时许下过这样的承诺。尽管巨像存在的时间不长，但太阳神赫利俄斯的名字经常出现在世界七大奇迹的清单中。长久以来，许多人都认为巨像手持火把，为进入罗德港的船只照亮了道路。但实际上，作为人们献给神灵的礼物，巨像更有可能在城市中心占据显眼的位置。

> 希腊的菲迪亚斯是古代伟大的雕塑家，他创作了奥林匹亚宙斯的雕像，可惜这座雕像未能保存至今。图为安德烈·皮萨诺的浮雕作品，创作于 1340 年左右。

在罗得岛太阳神巨像建成后的短短几年内，人们迎来了最后一个世界奇迹——亚历山大灯塔。它和第一个世界奇迹相同，同样位于埃及。不过，吉萨金字

> 亚历山大港的灯塔。根据斐迪南·卡纳布的绘画后着色的木刻版画，1886 年。

塔是为了彰显法老的荣耀，并帮助他们获得永恒，亚历山大灯塔则是一件技术杰作，来自马其顿的托勒密家族想要以此来与古希腊国王争夺荣誉。

希腊化时代埃及的当权者认为，亚历山大大帝倾注诸多心血建造的首都必须要在各个方面都有耀眼之处。于是，托勒密一世与托勒密二世两任国王委托著名建筑师索斯查图斯在亚历山大港对面的法洛斯岛修建灯塔。和其他已经不复存在或者只剩下断壁残垣的世界奇迹一样，要想准确重现亚历山大灯塔的模样并非易事。1326 年发生的地震使这座数百年来保佑无数船只平安返航的灯塔突然毁灭。根据古代记录，这座灯塔的高度应该超过 100 米，分三层。最上面一层是照明系统和镜子，白天可以将太阳光反射到海面上。

第五章

帝国黄昏：罗马帝国的危机与没落

军人皇帝时代
君士坦丁大帝
罗马帝国的分裂
民族大迁移
西罗马帝国的终结
拜占庭和古代遗产

> 地中海区域是古希腊罗马时期最重要的贸易区，众多民族会集于此。图中，一支米诺斯舰队正在进入港口。米诺斯的壁画，公元前 13 世纪。

五十年中的七十个皇帝
——军人皇帝时代

2 世纪，罗马帝国进入了它的鼎盛时期。罗马帝国的疆域包括整个地中海地区以及周边地区，如达基亚、高卢、不列颠和日耳曼尼亚的部分区域。罗马人与波斯的帕提亚人经常发生冲突，除此以外，没有任何人能对他们造成真正的威胁。边境由士气高昂的罗马军团守卫，非常安全；帝国内部稳定、团结；欣欣向荣的经济与贸易为各地人民创造了富足的生活。

2 世纪下半叶，天空中前所未有地出现了阴沉的乌云。不寻常的、令人不安的消息传到罗马。马科曼尼人、萨尔马特人和夸德人率领日耳曼人来到了多瑙河中游的帝国边界上。罗马皇帝马可·奥勒留立即赶往战场，并在伊利里亚地区指挥军团进行抵抗。这场与马科曼尼人等之间的战争从 166 年持续到 180 年，最终罗马人获胜。但是，经过旷日持久的争战，罗马帝国安宁祥和的时代一去不返。

其实，在此之前，日耳曼人便试图在罗马帝国境内寻找定居点，但是罗马人坚固的边境防守让他们的计划一再推迟。在奥勒留执政时期，帝国首次出现了危机征兆，使得日耳曼人终于有机会进攻罗马领土。当时，罗马经济快速下滑，因为人们已经习惯了繁荣时代里铺张浪费的生活方式，皇帝和政府也不具备对财

> 身着铠甲的罗马皇帝塞普蒂米乌斯·塞维鲁的大理石雕像。200 年左右。

政进行统筹规划的远见与能力。为了弥补经济衰退的损失，政府开始大量印制钱币，结果导致货币贬值，最终引发通货膨胀。于是，政府不得不采取节约措施，其中包括从边防线撤军。马科曼尼人是最早抓住这一契机的日耳曼人，他们也毁灭了罗马人长久以来的坚定信念：永远生活在一个不灭的帝国。

193 年，来自大莱普提斯（今利比亚）的皇帝塞普蒂米乌斯·塞维鲁创立了塞维鲁王朝。这个王朝的最后一任皇帝是亚历山大·塞维鲁，他统治罗马帝国直至 235 年。罗马帝国的外部局势在这一时期变得格外紧张，自从 224 年萨珊王朝在波斯建立政权后，便开始在罗马帝国的东部边境实施扩张政策。为了应对这些危机，塞维鲁王朝的皇帝采取了一系列措施以加强军事力量，例如组建移动军团、大幅度提高军饷以增强士气等。

由于在边境受到波斯人和日耳曼人两方面的威胁，塞维鲁王朝开始把统治的重心向军事转移。235 年，马克西米努斯登上皇位，开启了军人皇帝的时代。这一时代的罗马皇帝都来自军团领导阶层，都具有军人背景。之所以会发生这样的转变，是因为罗马人对之前从元老院中产生或由元老院任命的皇帝失去了信心。

可惜，军人皇帝并未能给国家带来稳定。相反，各军团的首

> 历史转折期的日耳曼人定居点。

> 复原的上日耳曼和雷蒂安边墙的瞭望塔，这原是上日耳曼边界线上罗马人防线的一部分。

领为争夺皇位而钩心斗角。

如果一个军团推举自己的将领担任皇帝，另一个军团一定会表示反对，并推举自己的将领，结果，将领们相互竞争，无法增强军队整体的战斗力。军事上失败的皇帝一般会遭遇和马克西米努斯一样的命运，他在意大利北部的阿魁莱亚被自己的军队处死。

有时，甚至出现三四个皇帝同时执政的局面，尽管他们都没有得到势力愈来愈弱的元老院的正式认可。但若依照传统，只有被元老院明确认可的执政者才能被称为皇帝。因此，当时在位的军人皇帝会面临多个竞争对手，这些皇帝只听从军队的命令。短短 49 年后，便发生了戴克里先改革，军人皇帝时代被终结，帝国也重新恢复平静。在改革之前，一度出现了皇帝过剩的局面，

284 年，帝国出现了 70 多个皇帝、篡位者和冒牌皇帝，国家陷入混乱状态。对于谁是皇帝这一问题，老百姓都不知该如何回答。

在当时帝国的东部和西部，局势尤为艰难。罗马将军波斯杜穆斯在莱茵河边境击退了不断前进的法兰克人。他的军队立即在科隆将他封为皇帝，这是当时惯用的做法。不同以往的是，波斯杜穆斯在不列颠和西班牙也得到了军队的认可，于是他建立了自己的、与帝国相分裂的国家，也就是后人所说的“高卢帝国”。波斯杜穆斯逝世（268 年）之后，“高卢帝国”在其继任者的统治下一直延续到 274 年。在此期间，罗马皇帝伽利埃努斯和奥勒良都对高卢帝国的“特殊皇帝”予以容忍，因为“特殊皇帝”分担了原本属于他们的工作——抵御法兰克人的入侵。260 年，上日耳曼和雷蒂安边墙倒塌，这座边墙自 1 世纪末就连接着莱茵河和多瑙河，并将南德意志的大部分土地划入罗马帝国中。尽管边墙倒塌了，波斯杜穆斯也没有让敌人进攻莱茵河西部的罗马帝国的领土。

在同一时期，中东地区经历了类似的变迁。267 年，统治富裕的绿洲城市巴尔米拉的奥德奈苏斯逝世，他的妻子芝诺比娅成为继任者。奥德奈苏斯对罗马人忠心耿耿，但芝诺比娅野心勃勃，为了达到目的不择手段。她指挥军队征服了小亚细亚、阿拉伯和埃及，命名自己为“奥古斯都”，成为罗马皇帝中的第一位女性。芝诺比娅是唯一一位不靠皇帝妻子的身份，只靠自己执政就被称为女皇的人。伽利埃努斯和奥勒良起初也对她表示容忍，因为她和波斯杜穆斯一样承担了边界的防御工作。274 年，奥勒良因为担心自己的权威受到挑战，向芝诺比娅的军队发起进攻，为特殊帝国巴尔米拉画上了句号。

3世纪，面临巨大的危机之时，罗马帝国制造了史上最残酷的迫害基督教运动。这并非偶然。无能的罗马皇帝没有办法解决帝国面临的诸多困难，只好将责任推卸给当时人数急剧增长的基督徒。他们指责基督徒不同的信仰破坏了“与神之间的和谐”，惹怒了众神，所以神灵才会用危机和灾难惩罚人们。

帝国范围内规模最大、最系统的基督徒迫害运动发生在德基乌斯（249年—251年在位）执政期间。皇帝命令所有居民都要为统治者和城市之神贡献祭品，完成任务的居民将被颁发叫作“libellum”的证书。基督徒（和犹太人）无法履行这一命令，因而遭受迫害。迫害方式为没收财产，甚至是处决。皇帝最初想通过这一举措来应对他的执政危机，加强人民团结。事实却是，这一措施有效扩大了基督徒与国家之间的距离与隔阂。

到了皇帝瓦勒良（253年—260年在位）执政的时代，基督徒的境遇更加恶化。基督徒成为罗马帝国的眼中钉，经常有大批基督徒被判处死刑。瓦勒良之所以这样做，主要出于财政方面的考虑。他觊觎基督徒社区积攒的大量财富，想靠这笔财富缓解国库危机。260年，瓦勒良在与波斯人的一次战役中被俘，这被基督徒视为上帝对他恶行的惩罚。波斯国王沙普尔一世大肆宣扬他的胜利，这次战败让本就在痛苦中挣扎的罗马人更加沮丧，他们以为这也预示着帝国没落的临近。

接下来的戴克里先改革不但帮助罗马帝国暂时终止了混乱局面，也挽救了这个处于没落边缘的国家。当这位军人皇帝在284年刚开始当政时，戴克里先就基于危机时代遭遇的惨痛教训确立了一套新的统治体系。他认为，让一位皇帝解决帝国的所有问题不切实际，于是引入“四帝共治制”，也就是由四位皇帝——两

> 站在罗马城耻辱柱旁的基督徒。亨利 · 温克尔斯的钢版画，1849 年。

位封号“奥古斯都”，两位封号“恺撒”——共同执掌政权，分担政务。在领土上，每位皇帝也有自己分管的范围，从而可以更有效地进行边界防守。戴克里先还效仿东方君主专制国家，扩大皇权，实施严格的宫廷礼仪，要求人民对皇帝怀有对神灵般的崇敬。到古典时代末期，罗马帝国君主专制的政体最终形成。推行这种改革和军人皇帝时代的教训有关：宗教的神圣性可以充当皇帝的盾牌，皇帝神圣的地位也可以对潜在的颠覆者起到威慑作用，让他们在计划暗杀行动之前有所畏惧。戴克里先发起的基督徒迫害运动有类似的目的：让人民对自己和另外三位共治者怀有无所保留的尊崇。

戴克里先推行的经济与政治改革将帝国从没落边缘拯救了回来。在成功执政 20 年后，他最终在 305 年退位，回归私人生活。因为他深信，罗马已经又一次走上了平坦的大道。

皈依基督教的皇帝
——君士坦丁大帝

罗马皇帝君士坦丁一世在执政时期就被人们尊称为"大帝"，历史上几乎所有得到这一称号的皇帝都有着杰出的军事成就，但是君士坦丁一世是一个例外。他之所以被称为"大帝"，是因为他终结了前任皇帝对基督徒实施的残暴迫害，并且不遗余力地推广基督教，所以人们对他感激涕零，尊称他为"大帝"。在他的努力下，基督教在重要性和影响力方面远远超过了罗马帝国内的其他宗教，最终成为世界性宗教。

正因为如此，人们也常常将君士坦丁一世称为"基督教皇帝"，但他其实更是一位雄心勃勃的政治家，并且深谙权谋之道。他出生于275年，他的父康斯坦提乌斯一世在306年突然身亡后，他在今天的约克被不列颠军团拥立为皇帝，从而打破了戴克里先设立的四帝共治制度。他父亲是四帝之一，统治帝国西部。他父亲去世以后，家族之外的继任者们个个都对皇位虎视眈眈。君士坦丁原本应当拒绝登上皇位，但是他没有这么做，由此引发了罗马帝国长达数年的内战。

君士坦丁的篡位也引发了其他皇位觊觎者的效仿。例如罗马教皇卫队首领马克森提乌斯就在同一年被军队拥立为皇帝。这让人民回想起军人皇帝时代的种种不幸。已经退位的戴克里先也试图对这一混乱的夺权局面进行调解，但调解无果，最后仍然是君士坦丁依靠武力取得了政权。

在这一混乱时期，最重要的一场战争发生在312年10月28日。这场战争在君士坦丁和马克森提乌斯之间展开，交战地点在罗马城附近的穆尔维大桥——这也是台伯河上的古老桥梁之一。君士坦丁获得胜利，马克森提乌斯坠入河中，溺水而亡。在基督教的历史记载中，人们将这次战争的胜利归结于君士坦丁和基督教之间的密切联系。

依照《君士坦丁传》作者尤西比乌斯的记载，战争发生时，天空中出现一个十字架，上面写着“以主的名义获胜”。据说开战前一夜，耶稣来到君士坦丁面前，告诉他在战争中十字架可以起到盾牌的作用。君士坦丁在指挥穆尔维大桥战役时，也的确带上了标有凯乐符号（☧，早期基督教的宗教符号）的拉布兰旗。

君士坦丁打着基督的旗号进入这场战争，主要是出于政治方面的考虑，而不是宗教。因为尽管屡遭迫害，但基督徒已经成为罗马帝国中的一支重要力量，他们在帝国范围内拥有广泛的关系网。君士坦丁认为，在混乱的内战时期，他可以利用基督徒的力量为自己争取利益。其实，在战争爆发前一年，统治帝国东部地区的伽列里乌斯就曾颁布谕旨，宣布基督教为“被允许”的宗教——他希望以这样的做法赢得基督徒的支持。

君士坦丁一世也一样。他之前信奉“不败的太阳神”——密特拉。在穆尔维大桥战役取得胜利后，他宣布上帝为自己的保护神，尤其是保佑他取得战场上的胜利。当然，这并不影响他对“不败的太阳神”的崇拜。君士坦丁一世远没有想到要把基督教提升到唯一宗教的地位。基督教的一神教时代还远远没有到来。

> 一枚罗马铜币（福利斯），正面是君士坦丁大帝的肖像。

阿里乌教派信徒和 iota（希腊文字第九个字母）之争

小字母，大作用：希腊字母中第九个字母，一个小小的“i”终结了“正统的”基督教徒和“非正统的”阿里乌派教徒之间无止境的纷争。在尼西亚的第一次大公会议上，圣父与圣子被定义为“同质”（homo-ousios）关系。阿里乌教派的主张遭遇严重打击，不过他们丝毫没有想过放弃自己的想法。于是人们想出一个让两个派别都易于接受的折中方案：将“同质关系”（homo-ousios）改为“类同质关系”（homoi-ousios）。添加了一个小小的 i，却起到了决定性的作用。这一改变甚至影响到了今天的西方语言，今天若有人特别坚持己见，我们依旧可以形容他连一个小小的 iota（i）都不愿意更改。

多元和自由仍是当时宗教信仰的特点。

但在接下来的日子里，罗马皇室给予了基督教特别的关注。他们出资修建教堂（君士坦丁一世修建了圣伯多禄大教堂和伊斯坦布尔的圣索菲亚大教堂），免除了向基督教会征收的税款。君士坦丁一世的母亲也积极参与了“基督教促进会”的活动。她前往耶路撒冷朝圣，从那里带回碎片，并声称那是从耶稣的十字架上得来的，她因此成为基督教徒前往圣地朝圣的发起者。君士坦丁一世对母亲的行动给予慷慨资助，还出资修建了伯利恒的圣诞教堂和耶路撒冷的圣墓教堂。

在消灭了最后一个对手李锡尼之后，君士坦丁一世终于在 325 年实现了自己的愿望，成为罗马帝

> 在穆尔维大桥战役之前，据说天空中出现了十字架标志。佛朗西斯科·阿维拉（Francesco Avila）的铜版画，1722 年，依照朱利欧·罗马诺 1520 年的壁画创作。

国唯一的统治者。但他很快发现，他与基督教之间的联盟给他带来的不是只有好处。依照传统，罗马皇帝同时也是宗教首领，因此，当基督徒不再是被迫害对象，而是罗马帝国中被认可的一个群体之后，他还必须应对基督徒之间爆发的信仰斗争。

325 年，君士坦丁一世将基督教会的主要代表召集到位于小亚细亚西北部的尼西亚，以解决阿里乌教派和基督教“正统”之间的争端。事件的起因是，亚历山大港的主教阿里乌提出，基督作为圣父之子，并不与圣父同质，他的思想被称为“阿里乌教义”。

在基督教会的第一次大公会议上，阿里乌教派被批判为异端。但由于阿里乌教派拥有很多拥护者，所以在新兴的基督教会中首次出现了紧张关系。

后古典时期的帝国首都

长期以来，罗马一直是罗马帝国的首都。不过在古典时代晚期，政治和军事事件的发生地开始向边界地区转移，皇帝也开始重新选择他们的居所。在意大利，他们首先居住在米兰、维罗纳和阿奎莱亚。从404年至西罗马帝国末期，拉韦纳一直是罗马皇帝住的地方，还有英国的约克、高卢的特里尔等。但是，始终没有任何一个都城能与君士坦丁堡相提并论。虽然这座城市在被土耳其人攻陷后改名为伊斯坦布尔，但它一直是古罗马时代最大的帝国首都。

总体而言，君士坦丁大帝统治期间，罗马帝国在穆尔维大桥战役之后实现了政治上的稳定与团结，军人皇帝时代出现的危机消失无踪。国家在军事以及民事管理方面实行了新的制度，经济方面发行了全新的、价值更加稳定的金币。得益于合理的货币与财政政策，罗马帝国的经济快速复苏。国家还推行改革，建立了中央集权的、高效的管理机制。在军人皇帝时代被排挤的元老重新获得担任高级职位的机会，他们也为国家贡献了更多的专业能力和政治见解。3世纪，边界防御还明显薄弱，君士坦丁大帝通过积极的军事改革和大力的财政投入，大大增强了边防线的军事力量。在他执政期间，日耳曼人和波斯人都没有引发任何重大危机。

君士坦丁大帝还在帝国东部建立新首都，完成了意义重大而且影响深远的一个举措。他将位于欧亚大陆之间、具有重要战略意义的城市拜占庭建设成了一座朝气蓬勃的大都市，并以自己的

> 330年，君士坦丁大帝建立君士坦丁堡，作为罗马帝国的新首都。后着色的鹅毛笔版画，约翰·内波穆克·盖格创作，1860年。

北
南
依由卜清真寺
利斯美门
阿内玛监狱
布拉查门广场
卡西姆巴萨
吕科斯河
赫布多蒙宫殿
卡西里奥斯门
法拉尼翁
希腊辖区
黄金角
朋普托门
阿特奥
斯水塔
阿斯帕水塔
老桥
多特隆
圣罗曼斯门
（火炮门）
吕科斯河
拜占庭末代皇帝
帝陵
狄奥多西墙
阿布斯特教堂
苏莱曼
清真寺
君士坦丁墙
莱奥斯门
埃布楚
马克安努斯柱
瓦伦斯水渠
瑟弗罗斯
莫克斯水塔
布斯论坛
陶里论坛
摩西道
巴扎特
清真寺
佩格或塞里比亚门
阿卡迪乌斯柱
奥特里斯港
君士坦丁港
西莱科克斯门
大金门
七塔城堡

> 君士坦丁堡。

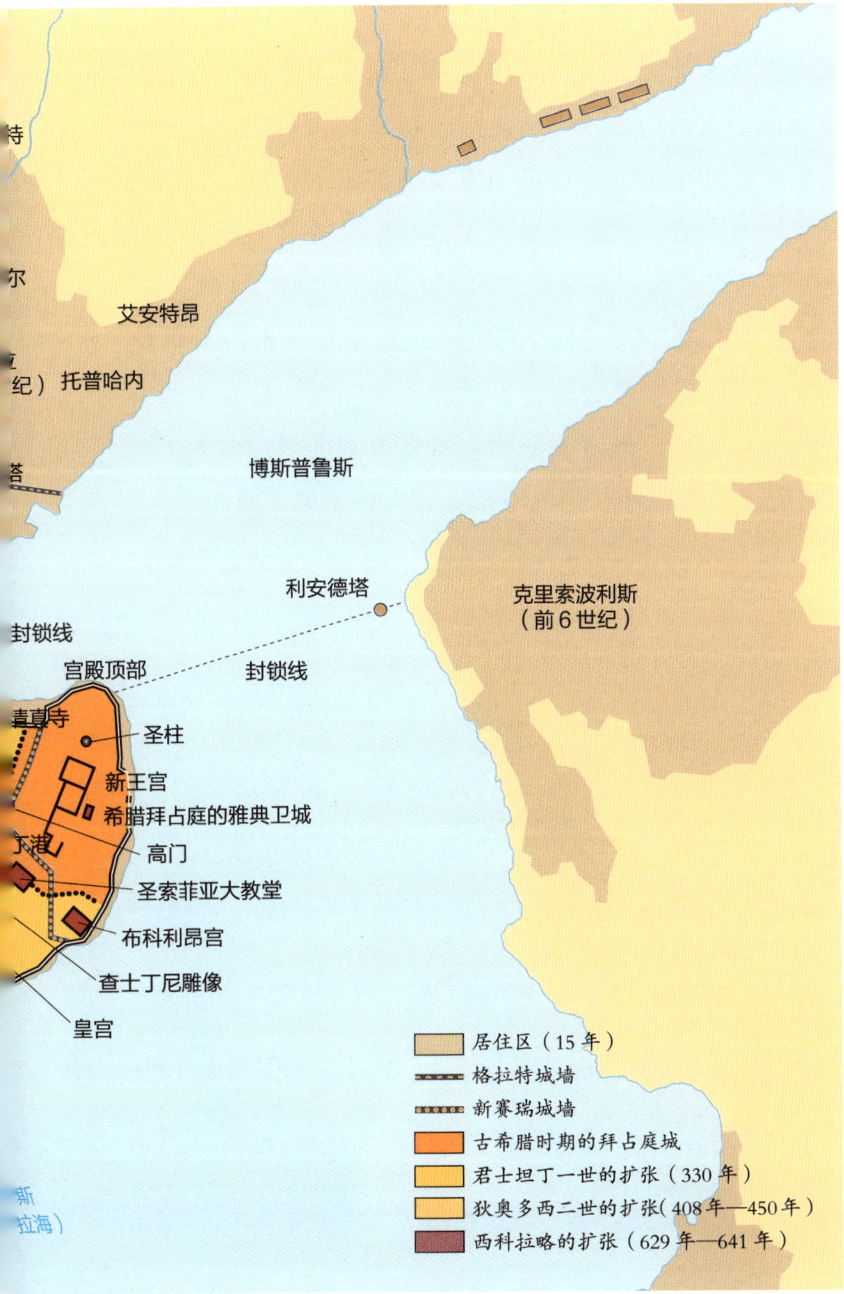
艾安特昂
托普哈内
博斯普鲁斯
利安德塔
克里索波利斯
（前6世纪）
封锁线
宫殿顶部
封锁线
圣柱
新王宫
希腊拜占庭的雅典卫城
高门
圣索菲亚大教堂
布科利昂宫
查士丁尼雕像
皇宫
居住区（15年）
格拉特城墙
新赛瑞城墙
古希腊时期的拜占庭城
君士坦丁一世的扩张（330年）
狄奥多西二世的扩张(408年—450年)
西科拉略的扩张（629年—641年）

名字将这座城市命名为君士坦丁堡。330 年 5 月 11 日，这座城市举行了隆重的建城典礼。君士坦丁堡很快发展成重要的国际贸易枢纽。在君士坦丁大帝的统治结束之后，这座城市仍然享有无限荣光——先是在罗马帝国分裂后成为东罗马帝国的首都；之后又成为拜占庭帝国的中心；在被奥斯曼人占领后，改名为伊斯坦布尔，成为土耳其苏丹皇室所在地。

君士坦丁大帝于 337 年 5 月 22 日在君士坦丁堡去世，享年 62 岁。他在临终前受洗成为基督徒，去世后被埋葬在圣使徒教堂。他将皇位传给三个儿子，但事实证明，恢复帝制的做法非常不明智。不久之后便爆发了内部纷争与对抗，帝国再次陷入危机。

一分为二的帝国
——罗马帝国的分裂

君士坦丁大帝于 337 年去世，在之后的 58 年里，罗马帝国仍然以完整的国家形式存在。395 年，依照皇帝狄奥多西一世的遗愿，帝国一分为二，诞生了西罗马帝国和东罗马帝国。

君士坦丁大帝去世之后，他的三个儿子继位，他们之间争权夺利，内部纷争不断。日耳曼人，尤其是莱茵河畔的法兰克人和阿勒曼尼人，一再利用罗马人的内部矛盾，侵占罗马领土。君士坦丁王朝渐渐走向终结。

紧随其后的是短暂却不同寻常的尤利安王朝。皇帝尤利安的希腊别名为“阿波斯塔”，意思是“叛教者”，这意味着对这位在 361 年—363 年间执政的皇帝而言，名正言顺和政治正确并不是首要需求。尤利安是君士坦丁大帝的侄子，是后者的三个儿子执政时期的军队统帅，并被授予“恺撒”称号。360 年，他在巴黎被封为奥古斯都，第二年接任君士坦提乌斯二世，成为罗马帝国唯一的统治者。他之所以会有“叛教者”这样的别称，是因为他试图倒转历史的车轮，终止基督教势不可当的前进步伐，重新恢复被基督教视为异教的罗马宗教的统治地位。

尤利安并没有明令禁止人们信奉基督教，而是颁布了一系列法令，限制有基督教信仰的民众在军队、政府机关、学校任职。

北海
不列颠尼亚
伦敦
大西洋
莱茵河
贝尔吉卡
勃艮第人
特里尔
卢格杜南西斯
高卢
多瑙河
阿奎达尼亚
七大省
意大利行政区
卡拉西亚
罗纳河
阿尔勒
拉韦纳
塔拉戈南西斯
马赛
托雷多
科西嘉岛
罗马
西班牙
意大利
科尔多瓦
撒丁岛
城郊教区
巴利阿里群岛
地中海
西西里
毛里塔尼亚
阿非利加
努米底亚
迦太基
柏柏尔人
拜扎凯纳
的黎波里塔尼亚
西罗马帝国
东罗马帝国
东、西罗马帝国的边界线

> 400 年的罗马帝国。

达尔人
匈奴人
哥特人
黑 海
达基亚
默西亚
色雷斯
君士坦丁堡
本都
马其顿
吕底亚
亚细亚
叙利亚
雅典
以弗所
卡里亚
安提阿
幼发拉底河
塞浦路斯
克里特岛
东方大区
地 中 海
耶路撒冷
亚历山大港
上利比亚
孟斐斯
下利比亚
埃及
尼罗河
红海
0 100 200 300 km

> 狄奥多西一世的凯旋游行。根据君士坦丁堡建造的狄奥多西柱创作的铜版画。

尤利安之所以反对基督教，并非出于宗教嫉妒心理。他和以往的罗马皇帝一样，对宗教信仰依旧抱有实用主义的态度。他非常关注罗马的城市贵族，这些贵族将不断增加的基督教徒视为眼中钉，因为在基督教的主教和牧师中形成了教会精英的小团体，严重削弱了城市贵族的势力。此外，尤利安受过良好的教育，拥有一定的哲学思想，他认为基督教会阻碍他的哲学理想的实现。不过这位皇帝的计划在 363 年 6 月 26 日戛然而止。这一天，这位年仅 32 岁的皇帝在与波斯人的战斗中不幸身亡。他刚一去世，传言便散布开来。其中流传最广（真实性却无从考证）的一个说法就是，他被罗马军队中的基督徒暗杀，这是对他想要遏制基督教的报复。

尤利安之后，曾经的保卫队军官瓦伦提尼安努斯建立了新的王朝，被称为瓦伦提尼安一世。他废除了尤利安颁布的法令，重新投入力量，捍卫帝国屡受威胁的边境。瓦伦提尼安一世还将部分统治权分给兄弟瓦伦斯，让他负责管理帝国东部地区。现在回顾这一做法，可以发现它并不明智。如今，一提到瓦伦斯这个名字，就会让人想起罗马历史上最大的一次军事灾难。378 年 8 月 9 日，在亚德里亚堡（今土耳其埃迪尔内）发生的一场战争中，罗马人与哥特人的部落联盟交锋，瓦伦斯率领的精锐部队惨败，最令人震惊的是，皇帝本人在战争中丧生。尽管哥特人没有实现占领君士坦丁堡的计划，但亚德里亚堡一战已经让人感觉到帝国没落的信号。就像米兰主教圣安波罗修说的那样："我们正在经历一个时代的消亡。"

不过事实并没有那么糟。尽管遭遇各种困境，罗马帝国仍然拥有稳定的构架，可以保障它继续运转。此外，狄奥多西一世在政治和军事方面也取得了一些成就。379 年，狄奥多西一世被西罗马皇帝格拉提安——瓦伦提尼安一世的长子封为东方的"奥古斯都"。383 年，格拉提安本人成为篡位阴谋的受害者，但是狄奥多西一世击败了篡位者马克西穆斯。

从此，居住在君士坦丁堡的狄奥多西一世成为罗马帝国唯一的统治者，直到 395 年去世。尽管当时在帝国西部也有皇帝存在，但他们要么定居在首都罗马，要么在米兰。瓦伦提尼安二世是瓦伦提尼安一世的幼子，也是格拉提安的兄弟，他继承瓦伦提尼安一世的皇位时年仅 4 岁。虽然身为罗马皇帝，但年纪尚幼的他还不足以成为优秀的外交家和军事指挥官。但是，由于篡位危机频发，皇室往往采用拥立年幼的皇子为皇帝的方式来巩固政权。这样做的目的便是将皇权把持在皇室手中。皇帝年幼，难免受到摄政大臣的影响，而这些大臣往往更多地考虑个人利益，而非国家利益。这也是导致罗马帝国没落，并最终走向灭亡的一个不可忽视的因素。

狄奥多西一世实施了两个举措，不但让他在历史上留下不可磨灭的印记，也给帝国未来的发展指明了方向。在君士坦丁大帝时代，基督教从被允许的宗教发展成为受优待的宗教，狄奥多西一世则赋予基督教为罗马帝国唯一合法宗教的地位。这意味着对当时已经根深蒂固的宗教多样性原则的严重破坏。皇帝不断颁布圣谕，禁止非基督教的其他宗教崇拜，最终奠定了基督教的唯一合法地位。例如，391 年 2 月颁布的法令就对异教徒采取了极端手段，禁令目录包括禁止参观寺庙、禁止参加非基督教的祭祀活动等。非基督教的任何神灵崇拜都被严格禁止。丘比特、密特拉和其他上千个非基督教神灵全都变得无足轻重。奥林匹克运动会在 393 年也遭到禁止，因为这场盛会的主旨是纪念希腊众神之王宙斯。

基督教成为罗马帝国国教主要跟政治有关。基督教神职人员作为部分统治权的实施者，当时已经具有不可撼动的重要地位。而罗马皇帝与自负的米兰主教圣安波罗修之间的矛盾也起到了推波助澜的作用。这一矛盾在一定程度上可以被视为中世纪晚期发生的叙任权斗争（法国国王亨利四世与教皇格列高利七世之间的冲突）的预演。狄奥多西一世宣布基督教为国教之后，很快赢得了诸位宗教领袖的好感与支持。

狄奥多西一世于 395 年 1 月 17 日去世，他在遗嘱中就继承人进行了说明：皇位由他的两个儿子共同继承。霍诺留（当时 9 岁）

负责统治西部，阿卡迪乌斯（当时17岁）负责统治东部。东西部间的边界线沿着德里纳河贯穿整个巴尔干地区。这一边界线正是屋大维和安东尼于公元前40年约定的势力范围分界线。霍诺斯最初定居在米兰，后来移居拉韦纳。阿卡迪乌斯则驻守君士坦丁堡，所有东部皇帝均定都于此。

> 一块印有瓦伦提尼安一世和瓦伦斯的钱币。罗马金币，约365年—375年。

狄奥多西一世制定遗嘱的目的是分割统治权，在古代，很多君主出于军事及政治方面的考量，都选择这样的做法。不过，他也非常看重帝国的统一，他规定，其中一个皇帝颁布的法令在帝国的另一部分同样适用。但事实上，统治权的分割难免导致帝国的分裂。5世纪，罗马帝国的两部分在政治、经济、文化和宗教方面都出现了不同的发展。欧洲出现了一条无形的界线，一边是西罗马帝国，另一边是东罗马帝国，两个帝国也渐渐走上了不同的发展道路，出现了受罗马影响的西方和受希腊影响的东方。基督教会也失去统一性，在东方形成了东正教，在西方形成了天主教。

南下的日耳曼人

——民族大迁移

2 世纪下半叶，马可·奥勒留在多瑙河下游与入侵罗马帝国的马科曼尼人和其他日耳曼人交战。从此，日耳曼人的迁入成为罗马政治永恒的主题。其实，日耳曼人最初从未想过要去挑衅强大的罗马，他们只是想寻找新的定居点——因为他们在原居住地受到其他部落的驱逐，气候变化也导致原居住地的生存条件急剧恶化。

3 世纪时罗马帝国的内部危机终于让法兰克人、阿勒曼尼人等日耳曼部族有机可乘，他们顺利穿过莱茵河边界，并深入罗马帝国内部。在此后的日子里，日耳曼人的迁入给罗马人的军事和财政状况带来了不可避免的影响，内部局势原本就不稳定的地区受到的影响更为严重。在相互接触的过程中，一些罗马皇帝也琢磨出了和日耳曼人交往的新方式。例如，君士坦丁大帝在 332 年与哥特人签署了互利条约：哥特人为罗马军队贡献 4 万名士兵，作为回报，罗马皇帝为他们支付高额酬劳。在临近边界的地区，罗马人还为其他民族提供居住地。日耳曼人可以根据自己的意愿耕种这些土地，不用纳税，还可以自己规划政治与社会生活。不过，作为合约方，他们需要履行为罗马军队服兵役的义务。

亚德里亚堡战役（378 年）之后，狄奥多西一世也与哥特人签订了协议。哥特人整个部族迁徙到多瑙河下游地区，他们与原

> 寻找新居住地的日耳曼人。依照奥托·奈尔的绘画后着色的木刻版画，1880 年。

先居住在这里的罗马人形成新的人口群体。

因为哥特人此时已经接受了基督教信仰，所以这个新的人口群体能够比较顺利地与大家和平相处。大部分的日耳曼民族都在跨越边境时皈依了基督教。但这种转变并不是单纯的信仰问题，日耳曼人希望通过这样的做法更好地融入当地的罗马人，毕竟罗

法兰克王国
西哥特王国
东哥特王国
勃艮第王国
汪达尔王国
格皮德王国
苏维汇王国
5 世纪的东罗马帝国（拜占庭帝国）
北海
5 世纪
盎格鲁
撒克逊
朱特
不列颠人
勃艮第
汪
451
卡塔劳温战场
443
图卢兹
412
马赛
452
493
拉韦纳
410
411
托莱多
419
429
科尔多瓦
455
大 西 洋
迦太基
439
日耳曼民族迁徙路线
西哥特人
东哥特人
汪达尔人
法兰克人
帝国分裂（395 年）后的西罗马帝国
勃艮第人
朱特人、盎格鲁人、撒克逊人
匈奴人

东哥特人
直至 375 年
匈奴
375
409
西哥特人
直至 375 年
454
黑　海
376
441
君士坦丁堡
帕加马
雅典
以弗所
安提阿
396
地　中　海
耶路撒冷
亚历山大港
孟斐斯
阿拉伯人
底比斯

> 日耳曼民族的迁徙运动。

> 颇具影响力的罗马将领、政治家斯提里科和他的妻子赛尼娜。双联画，20 世纪创作的复制品，原作创作于 396 年左右。

马人从君士坦丁大帝时代起就主要信仰基督教，并且从狄奥多西一世时代起就必须履行信仰基督教的义务。

许多日耳曼人，例如东哥特人、西哥特人或者汪达尔人，皈依的并不是被尼西亚宗教会议在 325 年定义为“正确”的正统基督教，而是“错误”的阿里乌教派。因为阿里乌教派推崇的至高无上的圣父信仰与日耳曼部族中的等级制度更加吻合，在他们的等级制度中往往存在一个绝对的宗族首领，他被视为与圣父和圣子同样的存在。

但是新的人口群体并不能始终和平相处，他们中间也经常爆发军事冲突。民族迁徙的高潮出现在4世纪末期以及5世纪。这次大迁徙由375年匈奴的入侵引发，许多日耳曼部族参与其中。英勇善战的匈奴人当时很可能是出于气候原因离开了位于中亚的家乡，开始了向西迁徙的征程。他们的迁徙引发了真正的大规模移民——在中、东欧地区与他们相遇的日耳曼人除了投降并逃离家乡外，别无选择。就这样，来自东方的匈奴战士引发了大范围的人口流动，这也给罗马帝国带来不可低估的影响。

哥特人也受到匈奴人迁徙的影响。当时哥特人已经分裂为东哥特人和西哥特人两个主要的部族。但是只有东哥特人的部族在方位上确实与东方相关，西哥特人的部族在方位上完全与西方无关，只是为了和东哥特人相对应而产生了这一名称。

西哥特人原本叫作维斯哥特人，意为“善良的”哥特人。这个名称很可能来自部族中的贵族精英。东哥特人的名字是“Ostrogoths”，前缀“Ostro”在哥特语中有着充满诗意的引申义——“日出”，这个名称中的“东”确实指代太阳升起的东方。不过这一称呼并非来自东哥特人自己，而是来自居住在他们西边的日耳曼民族。

相对于给哥特人起名，罗马人明显更关心如何与他们相处。和平相处的模式也有失效之时。410年是罗马命运多舛的一年，罗马人与哥特人之间危机四伏。这一年的局势仿佛预示着，在西罗马帝国的最后数十年中，罗马人与日耳曼民族的联盟将走向分崩离析。

410年8月24日，西哥特人在国王亚拉里克的带领下进攻罗

汪达尔人和恶意破坏

“像汪达尔人一样搞破坏”——直到今天，当有掠夺和破坏行为发生时，汪达尔人都还不得不承受指责。其实，与其他日耳曼民族相比，汪达尔人并没有更多侵略行径。在以首都迦太基为中心的北非领地，汪达尔人创造了辉煌的文明。他们制作的手工艺品与古希腊、古罗马人的作品相比也毫不逊色。他们掠夺的战利品无一不是经过精心挑选的艺术精品。汪达尔人之所以会臭名昭著，跟一位名叫亨利·格雷吉瓦的法国主教有关。这位主教在法国大革命期间，提出了“恶意破坏“这一概念，与“汪达尔人”一词的拼写相近，用以指责雅各宾派对艺术珍品的疯狂破坏。

马城。这座帝国的都城已经数百年未曾经历外来入侵。上一次遭遇外来攻击还是公元前 390 年，当时高卢人攻陷并一度控制了罗马城。但是西哥特人的此次进攻并不像后人描述的那样，是一次充满掠夺与杀戮的血腥行径，亚拉里克和西罗马当局谈判无果才决定出兵。

在许多古代评论家眼中，当时的西罗马帝国皇帝霍诺留是一个不务正业的昏君，但当时西罗马帝国的军政大权已完全掌握在大将斯提里科手中。斯提里科是来自汪达尔人部族的日耳曼人，在西罗马帝国建立了丰功伟绩，他也用自己的功绩证明外来民族也可以在罗马建立功勋。

这一时期的罗马统治阶级也乐于利用日耳曼贵族的专业知识，因为毕竟他们更了解如何与日耳曼人相处。日耳曼人斯提里科担任军队统领，执掌军事大权。不过，由于他位高权重，在军中结下了不少仇怨。408 年，他遭人陷害，在拉韦纳教堂被处以死刑。

听命于斯提里科的西罗马当局一再使用拖延战术，拒绝与西

加拉·普拉西狄亚

加拉·普拉西狄亚是皇帝狄奥多西一世之女，生于 392 年—393 年间。她戏剧性的人生经历反映了那个时代的动荡。410 年她被进攻罗马的西哥特人作为人质劫持到西班牙，并于 414 年和国王阿陶尔夫结为连理。根据罗马人和哥特人签订的协议，她被允许在 416 年返回意大利。不过，417 年，她再次成为政治婚姻的牺牲品。她的哥哥霍诺留，也就是当时西罗马帝国的皇帝，强迫她嫁给陆军统帅君士坦提乌斯。他们生育了一儿一女，儿子后来成为瓦伦提尼安三世。在 423 年宫廷政变期间，她从拉韦纳被流放到罗马。她千方百计逃离了那里，来到君士坦丁堡。当她 6 岁的儿子瓦伦提尼安努斯被拥立为皇帝时，她再次返回罗马。在之后的几年中，她以摄政王的身份掌握着实际的统治大权。直到 437 年，她才退出政治舞台。450 年 11 月 27 日她在罗马逝世，时年近 60 岁。

> 加拉·普拉西狄亚被劫走。根据赫尔曼·科纳克佛斯的绘画创作的后着色的木刻版画，1873 年。

哥特人签订谈判协议。这最终导致亚拉里克在410年8月率军进攻罗马。他要以这样的方式，明确表达自己对之前罗马人行为的不满。整整三天时间，这些不速之客在帝国中心罗马城肆意劫掠。他们离开之时，不仅带走了无数金银财宝，还带走了两位皇帝的妹妹加拉·普拉西狄亚。加拉最初以人质的身份被西哥特人劫走，先后成为西哥特人首领之妻和女摄政王，过着富足、优渥的生活。亚拉里克不久后在意大利南部的科森扎逝世，依照哥特人的风俗被埋葬在布森托河。之后，西哥特人先后在高卢和西班牙定居，并在那里建立了自己的王国，直至8世纪阿拉伯人入侵，并征服伊比利亚半岛。

西哥特人对罗马的进攻给当时的人们造成了巨大的创伤，世界末日般的气氛笼罩着整座城市，很多人也因此预见到罗马帝国（至少西罗马帝国）的结局。

一位高卢主教对当时的社会

> 451年，罗马人与法兰克人、西哥特人等一起在沙隆之战中击退了阿提拉率领的匈奴人，将他们赶出了高卢。根据阿道夫·埃尔哈特的绘画创作的后着色的木刻版画，1860年。

情景做过这样的描述：“所有人都在等待世界末日的到来。不论山脉还是河流，城墙还是堡垒，都阻挡不了蛮族前进的脚步。战争无处不在，曾经车水马龙的城市现在已是满目疮痍。和平已经告别了我们的世界。”

45 年后，历史重演。这一次罗马城迎来的不速之客是汪达尔人。429 年，他们在国王盖萨里克的带领下穿过直布罗陀海峡，到达北非，在罗马帝国的土地上，以古老的腓尼基大都会迦太基为首都，建立了自己的王国。他们的船只从那里出发，在整个西地中海征战和掠夺。455 年 6 月 2 日，汪达尔人向罗马发起进攻，他们在这座永恒之都肆意掠夺了整整 14 天，带着满满的战利品回到北非。

在此之前四年，罗马人取得过一次大胜。451 年，护国公埃提乌斯在马恩河畔沙隆附近的卡太隆尼平原大败阿提拉指挥的匈奴军队。从此以后，匈奴人彻底回撤。但加泰罗尼亚之战的胜利带来的不是根本性的转折，只是短暂的喘息。短短几年后，西罗马帝国迎来了终结的时刻。

架空皇帝的陆军统帅
——西罗马帝国的终结

476 年是一个划时代的年份，欧洲进入中世纪。随着最后一位西罗马皇帝被废黜，西罗马的帝制宣告终结——在之前罗马帝国的土地上诞生了日耳曼国家。在东方，古罗马的传统在拜占庭帝国得以延续。

在史学研究中，人们不仅关心罗马帝国为何走向终结，也关心这个帝国究竟如何能够维系如此长久。另外，尽管帝国走向终结，人们更多谈及的依然是这一过程中的传承，而非断裂：人们没有用感情色彩强烈的词汇来描述西罗马帝国的终结，而选用了更加中立的“变革”一词。因为日耳曼人在政治和文化领域继承了罗马人的许多机构和设施。当然，这一转变过程也伴随着帝国的没落，数百年的传统最终宣告结束。

罗马帝国从 3 世纪起便危机不断，却可以一直屹立不倒，着实令人惊叹。它就像一个不断晃动的巨人，但远没有人们想象的那么容易倒下。在罗马统治的几个世纪中，有效的机制渐渐得以建立，这些机制不但使帝国在内忧外患中也可以保持稳定，还在一定程度上支持了弱势的统治者，以及年幼的、尚不称职的小皇帝。但帝国的政治心态决定了领导人在民事与军事管理中的不足。在帝国的统治者眼中，危机管理根本不属于统治工具——戴

> 狄奥多西一世去世时的欧洲和地中海地区。

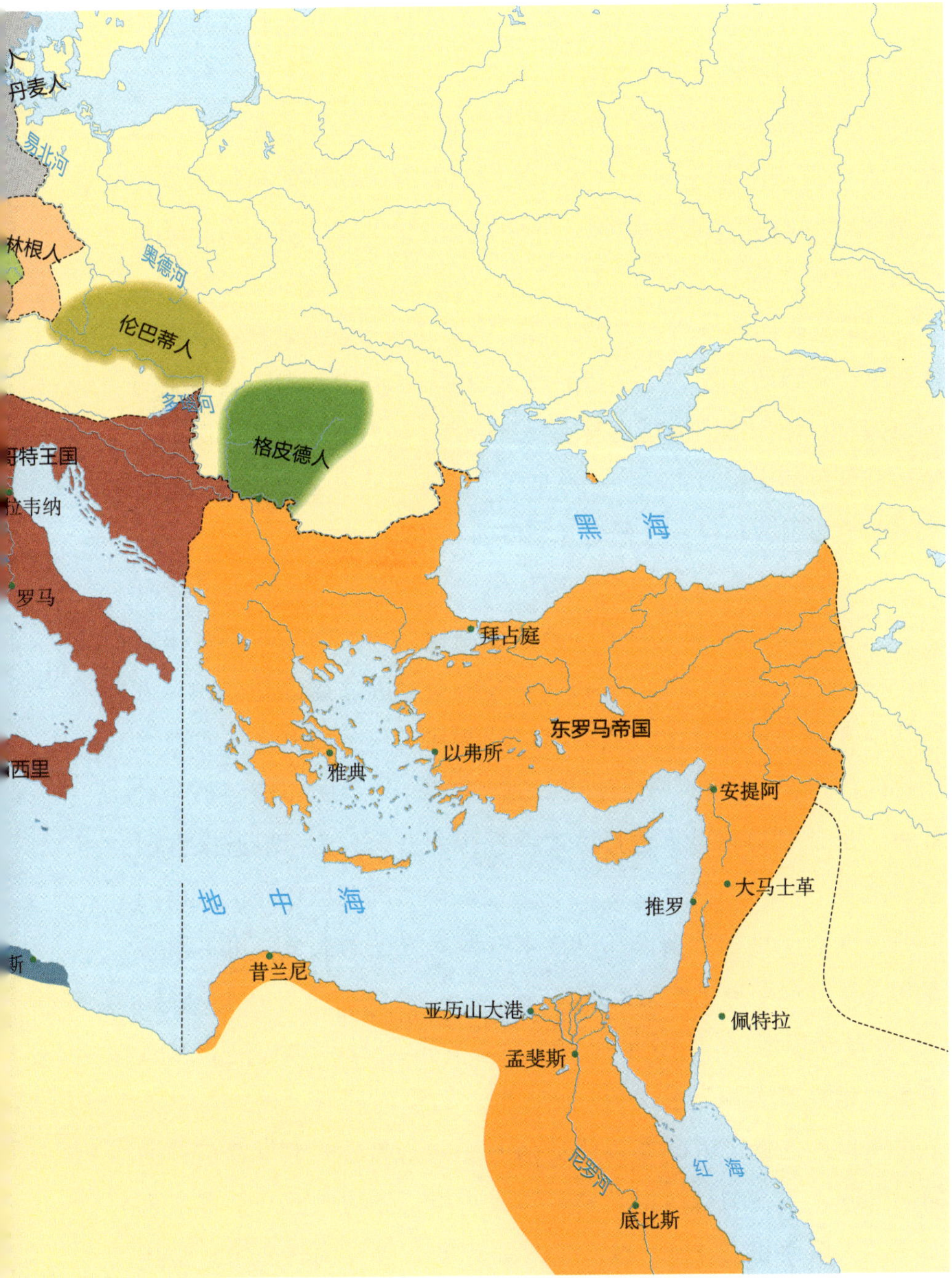
丹麦人
易北河
林根人
奥德河
伦巴蒂人
格皮德人
哥特王国
拉韦纳
罗马
西里
黑　海
拜占庭
东罗马帝国
以弗所
雅典
安提阿
大马士革
推罗
地　中　海
昔兰尼
亚历山大港
佩特拉
孟斐斯
尼罗河
红　海
底比斯

克里先和君士坦丁大帝的改革都属于例外之举。抱怨与绝望的反复出现则是国家的常态。

导致西罗马帝国灭亡的一个主要原因便是人民不再认同国家。人民与政治脱离是古典时代晚期国家专制制度的必然结果。皇帝和政府面对日益严重的经济与社会问题无计可施，只好颁布严酷的法规。

为了填补国库亏空，人们不得不缴纳高额的苛捐杂税。多次战争和由此导致的生产力下降造成民不聊生。人民并不愿意为君主的无能买单，他们试图通过逃离来回避压力。面对这一局面，国家严格限制人民的出行自由。在一些城镇，当地权贵被强迫用自己的财产来为地方财政担保。长期离开城市的行为也被明文禁止。

这些限制也影响了中下阶层。船夫、谷物商人、面包师或石油商人等重要行业的代表被迫组成强制性公司，以确保这些领域的供应。这种极其不受欢迎的措施导致很多人逃离故土。在一份古典时代晚期的记载中，我们可以读到如下伤感却又与事实基本相符的描述："现在的局面就是，穷人被盘剥，寡妇哀叹，孤儿被羞辱，于是他们不得不选择逃离，投奔敌方，只为了躲避来自国家的迫害，甚至一些有身份的、受过教育的民众也选择了这样的道路。他们宁可去野蛮人那里寻求古罗马提倡的人道，也不愿在罗马人这里忍受野蛮的无人道。"

在政治层面上，450 年和 455 年都出现了停滞。450 年，狄奥多西二世在君士坦丁堡去世；455 年，瓦伦提尼安三世在西罗马帝国逝世。这标志着狄奥多西王朝的终结。此后的继位者来自不同的家族，拉韦纳的西罗马皇帝和君士坦丁堡的东罗马皇帝不再因血缘关系而相互关联。从历史经验来看，这样的转变未必是坏事，但在接下来的数年中确实给罗马帝国造成了负面影响，因为西罗马和东罗马从此渐行渐远，走上各不相同的道路。尤为突出的表现便是，君士坦丁堡的统治者无心援助不断受到外来威胁的西罗马皇帝。在西罗马帝国末期，东罗马人出于政治考虑，竭力想要除掉西罗马这个竞争对手。

455 年—476 年间，拉韦纳有八个弱势的皇帝，他们不过是强大的军队统帅的傀儡。这一时期出现了一位名叫里西默的名人。他的父亲是苏维汇人，母亲是哥特人。一直到 472 年，他都担任西罗马的陆军统帅。在此期间，他多次根据自己的利益任命和罢免皇帝。他的继任者勃艮第人贡多巴德延续了他的做法，473 年 3 月，他扶植了一位非常忠实于他的官员坐上皇位，成为西罗马皇帝。

东罗马皇帝利奥一世不承认

最后的皇帝：罗慕路斯·奥古斯都

也许这是对历史的讽刺，西罗马的最后一位皇帝的称号，居然包含了两位开创性人物的名字：罗慕路斯是罗马创立者（尽管是在神话中），奥古斯都则是第一位罗马皇帝。由于史料匮乏，关于他的个人情况和作为皇帝的短暂经历，我们全都一无所知。我们知道的仅仅是，奥多亚克继任皇帝之位后，罗慕路斯便住在那不勒斯海湾的一处精致别墅中（今那不勒斯蛋堡），还享有一份丰厚的养老金。他在非自愿退位时年纪尚轻，据说东哥特国王狄奥多里克一世执政时，他仍然在世。我们由此可以想见，他在郁郁葱葱的维苏威火山脚下，凭借丰厚的养老金度过了悠长的年月。如果说后人永远在他的名字前加上“最后”这一定语是一种伤害，那么他在那不勒斯安享晚年的那段时光也可谓是一种补偿。

位于拉韦纳的狄奥多里克陵墓

在拉韦纳的众多历史名胜中，值得一提的当然包括狄奥多里克陵墓。这位国王在526年8月30日（大概时间）逝世之后便葬于此。和其他古代的统治者一样，狄奥多里克一世还在世时就已经设计好了自己的安息之地。巨大的底座托起一个直径为11米的宏大圆顶。这个圆顶由一整块重达300吨的巨石制成，巨石还带有“伊斯特拉石灰石”的原产地证明。尽管在东哥特的各个国王的陵墓中都有圣父和祖先的形象存在，但每个陵墓还是各有特色。狄奥多里克一世的遗骸已经不在陵墓中。斑岩石棺已被证实是空的，而且应该从未放置过狄奥多里克一世的遗骸。

> 位于拉文纳的狄奥多里克陵墓。

这位皇帝，并且表示，鉴于西罗马帝国江河日下，君士坦丁堡不能继续坐视不管，决定在皇帝的人选问题上发表意见。利奥一世提名他的远亲朱利乌斯·尼波斯为拉韦纳的皇位候选人。尼波斯任命一位名叫欧瑞斯特的日耳曼人担任陆军统帅。这是一个致命的决定，因为欧瑞斯特反过来罢黜了尼波斯，并在475年10月31日任命自己的儿子罗慕路斯为王。尼波斯被迫逃往达尔马提

> 日耳曼军队首领奥多亚克成为西罗马皇帝。C.G. 盖埃尔根据 B. 罗德的作品创作，后着色的蚀刻画，1779 年。

> 拉韦纳的主教将这座城市交给东哥特国王狄奥多里克一世。根据安顿·迪特利的绘画创作，后着色的木刻版画。

亚，并在 480 年被自己的士兵谋杀。因为从合法性的角度来看，尼波斯比罗慕路斯更配享有皇帝的权力，所以后人在对古典时期末期进行描述时，总是把西罗马帝国的终结定义在尼波斯去世的那一年。

罗慕路斯·奥古斯都占据皇位的时间并不长。其父欧瑞斯特为了帮助当时只有十四五岁的儿子稳固皇位，找来一位名叫奥多亚克的日耳曼陆军首领当盟友。后者提出以在意大利获取土地作为交换条件，但遭到拒绝。拒绝的理由显而易见：如果答应，势必得罪在意大利拥有土地的地主精英，欧瑞斯特又必须依靠这部分精英的支持。

476 年 8 月 23 日，奥多亚克被日耳曼人拥立为王。但是奥多亚克并没有自称皇帝，也没有自称奥古斯都，他这样做当然有充分的理由。他心知肚明，一旦在称号上和罗马帝国建立联系，将会给自己带来不可避免的麻烦。8 月 28 日，奥多亚克的军队在皮亚琴察附近战胜了欧瑞斯特的军队，9 月 4 日，他来到拉韦纳，宣布罢黜皇帝罗慕路斯·奥古斯都。由奥古斯都（屋大维）开启的、长达 500 多年的罗马帝国的历史由此宣告结束。

对于这一变化，同时代的人并没有感到太过惊讶。对于他们而言，皇帝的更迭以及日耳曼人对最高权力的干涉已经司空见惯。可是渐渐地，人们才发现，这次的情形和以往不尽相同。

奥多亚克依靠当时的东罗马皇帝确认了自己的皇帝头衔。但是在君士坦丁堡人眼中，奥多亚克作为新来者，不值得长期信任。碰巧当时东罗马帝国皇帝芝诺正在为东哥特国王狄奥多里克一世寻找合适的活动领域。两人原本商议决定让国王带领人民到多瑙河下游定居，但这一过程不断遭遇困阻。所以芝诺让狄奥多里克一世带领哥特人前往意大利，起到了一石二鸟的作用：既排挤了奥多亚克，又让东哥特人远离君士坦丁堡，以免他们在自己家门口制造麻烦。

489 年，狄奥多里克一世带领东哥特人来到拉韦纳的城门前，他们此行的目的是推翻奥多亚克。经过漫长的围攻，拉韦纳终于在 493 年落入狄奥多里克一世手中。紧接着他邀请奥多亚克赴宴，并在宴会上亲手将其杀害。狄奥多里克一世是野心勃勃之士，并不满足于东罗马帝国授予他的总督头衔。因此，拉韦纳在他的统治下渐渐成为东哥特王国的首都，东哥特王国也通过一次次战争和聪明的外交将疆域扩大至意大利以外的地方。

帝国的余晖
——拜占庭和古代遗产

古典时代终结于何时？面对这个问题，今天已经不太可能有历史学家以一个明确的年份来作答。因为从古典时代到中世纪的过渡非常复杂，无法限定到某一个事件，因而也无法确定为某一个具体日期。

帝国灭亡之后，昔日西罗马帝国的领土渐渐向受日耳曼人统治的国家演变。在曾经的罗马帝国土地上，君主制主权国家纷纷涌现，法兰克人脱颖而出，成为新的领导势力。首先崛起的是墨洛温王朝，然后是加洛林王朝。800年那一年的圣诞节，加洛林王朝最重要的人物查理大帝在罗马的圣彼得堡大教堂加冕为皇帝，这可以被视为对罗马帝国的辉煌最理想的延续。

古典时代在东方持续的时间更长。依照西欧历史学家的观点，古典时代在东方贯穿了整个中世纪，甚至几乎到达了现代。但是按照东方历史学家的观点，根本不存在中世纪，只有古典时代。原因很简单：与西罗马帝国在5世纪末寿终正寝不同，东罗马帝国在那之后的1000多年中仍以帝制形式存在，与古罗马的皇帝一脉相承。不过“东罗马”这个名称仅仅在“西罗马”存在时才有意义。因此，西罗马帝国消亡后，史学上便将东罗马帝国称为“拜占庭帝国”，拜占庭是君士坦丁大帝在4世纪扩建的古希腊城市。

依照官方说法，拜占庭帝国自始至终都把自己看作是罗马帝国这片土地上唯一合法的统治者。因此，君士坦丁堡的皇帝从来没有认可过在西罗马帝国故地上诞生的所谓主权国家。在527年—565年间执政的皇帝查士丁尼甚至制定了具体的发展计划，要重建罗马帝国，拥立拜占庭皇帝为整个基督教世界的统治者。

他的两名大将确实帮他从汪达尔人手中夺回了北非。但是这一计划在意大利本土屡遭不顺。国王狄奥多里克一世在逝世前帮助东哥特人取得了非常强势的地位，面对拜占庭人的进攻，东哥特人坚持不懈地进行抵抗，直到554年才被迫投降。但在查士丁尼大帝逝世三年后，即568年，意大利的大部分土地再次落入伦巴第人手中。拜占庭人设立的总督区却依然存在。直到1071年，拜占庭人的最后一座堡垒才失陷。

在查士丁尼大帝逝世后的数十年甚至数百年中，拜占庭帝国的领土不断减少。随着埃及人的大举扩张，拜占庭丢掉了中东以及北非的大部分地区。不久之后，斯拉夫人也开始在巴尔干半岛掠夺土地，导致拜占庭的疆域再次缩小。1453年，奥斯曼人的领袖穆罕默德二世攻占君士坦丁堡，给长久以来风雨飘摇的拜占庭帝国画上句号。

直到最后一刻，拜占庭皇帝都相信“拜占庭是古罗马的遗产”。君士坦丁大帝在建立君士坦丁堡时还赋予它另一个富有深意的名字“新罗马”。7世纪初，在皇帝希拉克略的统治下，拜占庭帝国渐渐从拉丁化王朝转变为希腊化王朝。皇帝不再被称为“Imperator”（拉丁语中的国王），而是“Basileus”（希腊语中的国王）。希腊语也取代拉丁语，成为拜占庭的官方语言。但这

北海
盎格鲁－撒克逊
布列塔尼
大西洋
特里尔
法兰克帝国
巴伐利亚人
伦巴德人
波尔多
苏维汇
西哥特王国
马赛
拉文纳
巴塞罗那
托莱多
罗马
科尔多瓦人
巴利阿里群岛
撒丁岛
凯撒利亚
毛里塔尼亚
迦太基
西西里岛
努米底亚
的黎波里塔尼亚
东罗马帝国在 527 年的扩张
查士丁尼一世占领的土地

> 查士丁尼大帝统治下的拜占庭。

> 查士丁尼大帝和他的议会。插图画，复制品，原作来自 19 世纪。

并不意味着拉丁化的西方世界已被遗忘。相反，拜占庭人一直不愿意接受西方世界新出现的皇帝，就连查理大帝也难以得到他们的认可。他在 800 年加冕为皇帝一事被拜占庭人视为一种侵略，最后查理大帝还割让土地作为补偿。

拜占庭帝国不仅在政治上坚守着古典时代的遗产，还竭力保存着古典时代的文学和科学成果。他们和阿拉伯人一起为古代文本的流传做出了重大贡献。查士丁尼大帝时期颁布的《查士丁尼法典》是一部汇编式法典，被视为法律史上的光辉成就。

查士丁尼大帝和狄奥多拉

今天看来，他们绝对是一对理想的伴侣，不论在生活上，还是在事业上，两人都是完美搭档。狄奥多拉出生于500年，比查士丁尼大帝年轻15岁，其父是竞技场的动物看管员，她自己是个演员。查士丁尼大帝力排众议娶她为妻。事实证明，这是非常英明的决定。因为狄奥多拉凭借自己杰出的政治与外交才能，一再为丈夫排忧解难。她在532年尼卡暴动中的表现尤其令人称道。这次市民暴动给整个君士坦丁堡造成极大破坏，查士丁尼大帝也想要逃离此地，狄奥多拉却成功说服他留下来，并且重建了这座名城。狄奥多拉于548年逝世，比查士丁尼早离世17年。失去了最优秀的顾问，查士丁尼大帝只得独自面对艰难险阻。

> 皇后狄奥多拉，查士丁尼大帝的妻子和英明顾问。6世纪的马赛克画。

> 1453 年，奥斯曼苏丹穆罕默德二世征服君士坦丁堡，并把这个城市作为奥斯曼帝国的首都。后着色的铜版画，马特乌特・梅里安的作品，1630 年。

西罗马帝国被日耳曼人摧毁后，拜占庭帝国成为唯一的罗马帝国，而当拜占庭帝国在1453年灭亡后，沙皇俄国又极力宣称自己和拜占庭一脉相承。当时的沙皇（Czar，即拉丁语中的“恺撒”）还特意将首都莫斯科命名为“第三罗马”，并且深信不会再出现“第四罗马”。若我们细细回顾沙皇俄国那段帝国色彩浓厚的历史，便不难发现，沙皇的确用心继承了罗马和拜占庭先辈的传统。

大事年表

公元前 2000 年—前 501 年

- 公元前 2000 年　克里特岛出现米诺斯文明。
- 公元前 1450 年　克里特岛上的宫殿被毁。
- 公元前 1400 年—前 1200 年　迈锡尼人的鼎盛时期。
- 公元前 1150 年左右　迈锡尼人在地中海东部进行侵略（特洛伊战争）。
- 公元前 1000 年　腓尼基人在整个地中海地区进行贸易远航。
- 公元前 814 年　来自提尔的腓尼基人在北非建立了迦太基。
- 公元前 800 年左右　希腊人使用腓尼基人的字母进行书写。
- 公元前 753 年　4 月 21 日，罗马建城。
- 公元前 750 年　希腊殖民时代开始。
- 公元前 700 年　伊特鲁里亚人成为意大利的霸主。
- 公元前 621 年　雅典颁布《德拉古法》。
- 公元前 509 年　罗马结束君主制，进入罗马共和国。

公元前 508 年　克里斯提尼确立奴隶民主制；使用陶片放逐法。

公元前 500 年—前 281 年

- 公元前 500 年　爱奥尼亚叛乱；波斯战争爆发。
- 公元前 494 年　罗马的贵族与平民之间爆发阶级斗争。
- 公元前 490 年　马拉松平原之战。
- 公元前 480 年　萨拉米斯战役。
- 公元前 479 年　波拉塔伊埃战役，波斯人被彻底击溃。
- 公元前 478 年　雅典人主导成立了第一个阿提卡海上联盟。
- 公元前 431 年—前 404 年　伯罗奔尼撒战争。
- 公元前 400 年—前 394 年　斯巴达人与波斯人在小亚细亚交战。
- 公元前 387 年　凯尔特人入侵罗马。
- 公元前 340 年—前 338 年　与拉丁人的战争结束后，罗马成为拉齐奥的霸主。
- 公元前 328 年—前 304 年　罗马击败萨姆尼人。
- 公元前 359 年—前 336 年　菲利普二世成为马其顿国王。
- 公元前 334 年—前 324 年　亚历山大大帝攻打亚洲，兵锋直至印度河。
- 公元前 323 年　亚历山大在巴比伦去世。
- 公元前 323 年—前 281 年　继承人战争。

公元前 281 年　希腊化世界形成。

公元前 280 年—前 64 年

- 公元前 280 年—前 275 年　罗马与皮洛士之间的战争（皮洛士式的胜利）。
- 公元前 264 年—前 241 年　第一次布匿战争，罗马战胜迦太基。
- 公元前 218 年—前 201 年　第二次布匿战争，罗马迎战汉尼拔。
- 公元前 216 年　汉尼拔在加纳之战中战胜罗马人。
- 公元前 200 年—前 197 年　罗马人战胜马其顿国王菲利普五世。
- 公元前 188 年　罗马在阿帕梅亚之战中战胜塞琉西人。
- 公元前 168 年　匹纳之战，希腊成为罗马省份。
- 公元前 146 年　第三次布匿战争结束，罗马人毁掉迦太基。
- 公元前 133 年　佩加蒙的阿塔罗斯三世立下遗嘱，将王国赠予罗马人。
- 公元前 133 年　提比略·格拉丘斯公民论坛标志着罗马共和国晚期危机的开始。
- 公元前 113 年　西姆布莱人和日耳曼人迁徙。
- 公元前 88 年—前 64 年　罗马与潘多斯国王米特哈德拉特六世交战。
- 公元前 73 年—前 71 年　意大利爆发斯巴达克斯起义。

公元前63年—前17年

- 公元前63年　叙利亚成为罗马省份。
- 公元前60年　恺撒、庞培和克拉苏组成“前三头同盟”。
- 公元前58年—前51年　恺撒占领高卢。
- 公元前49年　恺撒跨越卢比孔河，罗马内战爆发。
- 公元前48年　恺撒在法萨罗斯战役中战胜庞培。
- 公元前48年/前47年　恺撒到达埃及，与克利奥帕特拉七世（埃及艳后）相识。
- 公元前46年　恺撒成为罗马唯一统治者。
- 公元前44年　3月15日，恺撒被暗杀。
- 公元前44年—前30年　屋大维对抗马库斯·安东尼斯，罗马再次爆发内战。
- 公元前31年　亚克兴战役，屋大维战胜埃及艳后和马库斯·安东尼斯。
- 公元前30年　埃及艳后自杀，埃及成为罗马帝国的一部分。
- 公元前27年　罗马帝制时代开始，奥古斯都成为第一位罗马皇帝。

公元前16年—前95年

- 前16年　高山部落被征服。
- 9年　日耳曼人在托伊托堡森林战役中战胜罗马人。
- 14年　8月19日奥古斯都去世，其继子提贝鲁斯继位。
- 14年—16年　日耳曼尼库斯在日耳曼率军行进。
- 37年—41年　卡利古拉在位。
- 41年—54年　克劳狄乌斯在位。
- 43年　布瑞坦尼成为罗马省份。
- 54年—68年　尼禄在位。
- 64年　罗马发生火灾；罗马首次迫害基督徒。
- 66年—70年　第一次犹太人起义（犹太战争），以罗马人毁掉耶路撒冷告终。
- 68年/69年　加尔巴、奥索、维泰柳斯、维斯帕斯四帝共治。
- 69年—96年　弗拉维安斯王朝。
- 79年　8月24日，维苏威火山爆发，给庞贝和赫库兰尼姆造成了严重毁坏。

96年—211年

- 96年—192年　收养储君年代。
- 98年—117年　图拉真在位。
- 101年—116年　罗马征服达契亚人，战后罗马在东方建立达契亚阿拉伯、美索不达米亚和亚述等省份。
- 117年—138年　哈德良在位，其间征服东方。
- 122年　哈德良下令在布瑞坦尼修建哈德良城墙。
- 132年—135年　西蒙领导犹太人发动起义，反抗罗马人。但起义失败，耶路撒冷成为罗马殖民地。
- 138年—161年　安东尼·皮乌斯在位。
- 161年—180年　马库斯·奥雷留斯在位。
- 166年—180年　多瑙河下游发生反抗马科曼尼人和夸迪人的战争。
- 180年—192年　康茂德在位。
- 193年　佩蒂纳克斯、尤利安努斯、奈哲尔、阿尔拜努斯和塞普蒂米乌斯·塞维鲁五帝共治。
- 193年—211年　来自非洲的谢普提米乌斯·塞维鲁建立了塞维鲁王朝。
- 211年—212年　谢普提米乌斯·塞维鲁的两个儿子卡勒卡勒和格塔共治。

212 年—252 年

- 212 年　2 月 19 日，卡勒卡勒派人刺杀格塔。
- 211 年—217 年　罗马皇帝卡勒卡勒在位。
- 212 年　皇帝安东尼努斯颁布面向所有公民的罗马公民权法令（安东尼努斯敕令）。
- 218 年—222 年　艾拉嘎巴在位。
- 222 年—235 年　塞维鲁王朝的最后一位皇帝亚历山大在位。
- 224 年　波斯萨珊人战胜最后一位帕提亚国王。波斯人成为罗马人在东方的对手。
- 235 年—284 年　军人皇帝时代。
- 235 年—238 年　马克西姆·特亚克斯成为第一位军人皇帝。
- 238 年　马克西姆·特亚克斯被士兵杀死。
- 244 年—249 年　阿拉伯人菲利普举办了罗马建城 1000 周年的庆典（248 年）。
- 249 年—251 年　皇帝德基乌斯在全国范围内迫害基督徒。

253 年—304 年

- 253 年—260 年　皇帝瓦勒良与其子加里乌斯共治。
- 257 年—260 年　瓦勒良迫害基督徒。
- 259 年　法兰克人入侵高卢和西班牙。高卢人在波斯图姆斯领导下从帝国分裂出来，建立高卢特殊帝国。
- 260 年　瓦勒良被波斯人逮捕，然后在波斯去世。
- 260 年　法兰克人和阿勒曼尼人联合进攻里梅斯。
- 260 年—268 年　加里安努斯专制。
- 268 年—270 年　克劳狄乌斯二世在位。
- 270 年—275 年　奥勒良在位。
- 270 年　绿洲城市巴尔米拉在女皇之诺统治期间脱离帝国；罗马开始修建奥勒良城墙。
- 274 年　高卢特殊帝国灭亡。
- 284 年—305 年　戴克里先在位；建立四帝共治制度，罗马从元首制向君主制演变。
- 301 年　戴克里先颁布的最为严格的限价令。
- 303 年　最后一次大规模的迫害基督徒事件。

305 年—352 年

- 305 年　戴克里先退位；第二次四帝共治开始。
- 306 年　父亲去世后，君士坦丁被士兵拥立为王。
- 311 年　加勒里乌斯颁布善待基督徒的谕旨。
- 312 年　10 月 28 日，君士坦丁在米尔维安桥战役中大获全胜；据记载，战时空中出现十字架。
- 324 年　君士坦丁战胜了最后一个对手李锡尼，成为专治皇帝。
- 325 年　基督徒在尼基亚召开第一次大公会议。
- 330 年　5 月 11 日，为新首都君士坦丁堡举行落成典礼。
- 337 年　5 月 22 日，君士坦丁去世。
- 337 年—340 年　君士坦丁的三个儿子共同执政，西部君主是君士坦丁尼斯（君士坦丁二世），东部君主是君士坦提乌斯二世，中部君主是君士坦斯。
- 341 年—348 年　西哥特人皈依基督教阿里乌派，主教乌非拉将《圣经》翻译成哥特语。

353 年—405 年

- 353 年　君士坦提乌斯二世建立专制统治。
- 360 年　陆军将领朱利安被拥立为皇帝，他恢复了非基督教信仰。
- 363 年　克斯芬战役中，朱利安败于波斯人之手。
- 364 年　西部的瓦伦丁一世和东部的瓦伦斯联合执政。
- 375 年　由于匈奴人的进攻，日耳曼大迁徙开始。
- 378 年　8 月 9 日的阿德里亚堡战役中，哥特人战胜罗马人，罗马皇帝瓦伦斯去世。
- 379 年　狄奥多西一世成为东部皇帝。
- 381 年　君士坦丁堡大公会议召开。
- 383 年—392 年　瓦伦丁二世统治西部地区；日耳曼陆军统帅阿波加斯特掌握实权。
- 394 年　狄奥多西一世战胜欧根尼斯和阿波加斯特，成为专制皇帝。
- 395 年　1 月 17 日，狄奥多西一世去世，遗嘱将帝国分给两个儿子宏诺瑞斯（西部）和阿卡狄斯（东部）。

406 年—456 年

- 406 年　苏维汇人、奄蔡人和汪达尔人跨过莱茵河。
- 406 年—407 年　勃艮第人到莱茵河下游定居。
- 408 年　陆军统帅斯提利科被处死。
- 410 年　阿拉里克率领西哥特人占领罗马；皇帝的妹妹加拉・普拉西迪亚与阿拉里克的继任者结婚。
- 420 年　阿提拉创建匈奴帝国。
- 424 年—455 年　瓦伦丁三世（加拉・普拉西迪亚和君士坦提乌斯之子）统治西部。
- 429 年　汪达尔人向北非进军。
- 439 年　汪达尔人占领迦太基。
- 451 年　罗马军队与匈奴军队交战，在埃提乌斯的率领下罗马取得决定性胜利。
- 455 年　瓦伦丁三世被杀；盖瑟瑞希率汪达尔人占领罗马。

457 年—1453 年

- 457 年—474 年　莱昂一世统治东部地区。
- 474 年—491 年　之诺统治东部。
- 475 年　慕路斯在拉文纳成为西罗马皇帝。
- 476 年　西罗马帝国灭亡。
- 493 年　特奥多德西在意大利建立东哥特人的帝国。
- 526 年　特奥多德西在拉文纳去世。
- 527 年—565 年　皇帝查士丁尼统治东罗马帝国，他试图重建古老的罗马帝国。
- 1453 年　土耳其人占领君士坦丁堡，拜占庭帝国灭亡。

参考文献

辞书

1. Der Neue Pauly. Enzyklopädie der Antike, Bd. 1–12/2, hg. v.
2. Hubert Cancik u. Helmuth Schneider, Stuttgart 1996–2002.
3. Metzler–Lexikon Antike, hg. von Kai Brodersen/Bernhard Zimmermann, Stuttgart 2006.
4. Paulys Realencyclopädie der classischen Altertumswissenschaft, hg. von Georg Wissowa, Stuttgart 1893–1980.
5. Mensch und Landschaft in der Antike. Lexikon der Historischen Geographie, hg. v. Holger Sonnabend, Stuttgart 1999.

导论

1. Manfred Clauss, Einführung in die Alte Geschichte, München 1993.
2. Werner Dahlheim, Die Antike. Griechenland und Rom von den Anfängen bis zur Expansion des Islam, Paderborn u. a. 1994.
3. Hans–Joachim Gehrke/Helmuth Schneider (Hg.), Geschichte der Antike. Ein Studienbuch, Stuttgart 2010.
4. Rosmarie Günther, Einführung in das Studium der Alten Geschichte, Paderborn 2001.
5. Hartmut Leppin, Einführung in die Alte Geschichte, München 2005.
6. Christian Mann, Antike. Einführung in die Altertumswissenschaften, Berlin 2008.
7. Eckart Olshausen, Einführung in die historische Geographie der alten Welt, Darmstadt 1991.
8. Eckhard Wirbelauer, Antike (Oldenbourg Geschichte Lehrbuch), München 2007.

地中海大舞台上的人们

米诺斯的海上霸权

1. Angelos Chaniotis, Das antike Kreta, München 2004.
2. Paul Faure, Kreta. Das Leben im Reich des Minos, Stuttgart 1983.

真实的特洛伊战争

1. Joachim Latacz, Troia und Homer, München/Berlin 2001.
2. Barry Strauss, Der Trojanische Krieg. Mythos und Wahrheit, Stuttgart 2008.
3. Michael Wood, In Search of the Trojan War, Berkeley 1996.

腓尼基人的贸易帝国

1. Glenn E. Markoe, Die Phönizier, Stuttgart 2003.
2. Bärbel Morstadt, Die Phönizier: Geschichte einer rätselhaften Kultur, Darmstadt 2015.
3. Michael Sommer, Die Phönizier. Geschichte und Kultur, München 2008.

希腊大殖民时代的移民潮

1. John Boardman, Kolonien und Handel der Griechen vom späten 9. bis zum 6. Jahrhundert v. Chr., München 1981.
2. Raimund Schulz, Die Antike und das Meer, Darmstadt 2005.
3. Karl-Wilhelm Welwei, Die griechische Frühzeit, München 2002.

贸易高手特伊鲁亚人

1. Luciana Aigner-Foresti, L., Die Etrusker und das frühe Rom, Darmstadt 2009.
2. Friederike Bubenheimer-Erhart, Die Etrusker, Darmstadt 2014.
3. Giovannangelo Camporeale, Die Etrusker. Geschichte und Kultur, Düsseldorf/Zürich 2003.

那些陷入战争的帝国

希波战争

1. Josef Fischer, Die Perserkriege, Darmstadt 2013.
2. Josef Wiesehöfer, Das antike Persien, Zürich 1993.
3. Wolfgang Will, Die Perserkriege, München 2010.

伯罗奔尼撒战争

1. Bruno Bleckmann, Der Peloponnesische Krieg, München 2007.
2. Martin Dreher, Athen und Sparta, München 2001.
3. Raimund Schulz, Athen und Sparta, Darmstadt 2011.
4. Karl-Wilhelm Welwei, Sparta. Aufstieg und Niedergang einer antiken Großmacht, Stuttgart 2013.

亚历山大大帝和他的帝国

1. Alexander Demandt, Alexander der Große. Leben und Legende, München 2009.
2. Robin Lane Fox, Alexander der Große, Stuttgart 2005.

继承人战争与希腊化王国

1. Kay Ehling/Gregor Weber (Hg.), Hellenistische Königreiche, Darmstadt 2014.
2. Hans-Joachim Gehrke, Geschichte des Hellenismus, München 2008.
3. Heinz Heinen, Geschichte des Hellenismus.
4. Von Alexander bis Kleopatra, München 2013.

罗马与迦太基

1. Nigel Bagnall, Rom und Karthago. Der Kampf ums Mittelmeer, Berlin 1995.
2. Pedro Barceló , Hannibal. Stratege und Staatsmann, Stuttgart 2004.
3. Klaus Zimmermann, Rom und Karthago, Darmstadt 2005.

从罗马共和国到罗马帝国

1. Klaus Bringmann, Geschichte der römischen Republik von den Anfängen bis Augustus, München 2002.
2. Karl Christ, Geschichte der Römischen Kaiserzeit. Von Augustus bis zu Konstantin, München 2009.
3. Ada Gabucci, Rom und sein Imperium, Stuttgart 2005.
4. Wolfgang Schuller (Hg.), Das Römische Weltreich, Stuttgart 2003.
5. Michael Sommer, Römische Geschichte Bd. 2: Rom und sein Imperium in der Kaiserzeit, Stuttgart 2009.

希腊罗马的政治与社会

君主制、民主制、贵族制

1. Pedro Barcelò , Basileia, Monarchia, Tyrannis. Untersuchungen zur Entwicklung und Beurteilung von Alleinherrschaft im vorhellenistischen Griechenland, Stuttgart 1993.
2. Jochen Bleicken, Die athenische Demokratie, Paderborn 1986.
3. Alexander Demandt, Antike Staatsformen.
4. Eine vergleichende Verfassungsgeschichte der Alten Welt, Berlin 1995.
5. Hans Kloft, Ideologie und Herrschaft in der Antike, Darmstadt 1979.
6. Wolfgang Schuller, Politische Theorie und Praxis im Altertum, Darmstadt 1998.

奴隶的命运与抗争

1. Moses I. Finley, Die Sklaverei in der Antike, Frankfurt/M. 1987.
2. Fritz Gschnitzer, Griechische Sozialgeschichte, Wiesbaden 1981.
3. Leonhard Schumacher, Sklaverei in der Antike, München 2001.

辉煌的城邦与都市

1. Frank Kolb, Die Stadt im Altertum, München 1984.

2. Karl-Wilhelm Weeber, Alltag im Alten Rom.
3. Das Landleben, Düsseldorf/Zürich 2000.

地中海上的贸易活动

1. Hans-Joachim Drexhage/Heinrich Konen/Kai Ruffing, Die Wirtschaft des Römischen Reiches (1. - 3. Jahrhundert).
2. Eine Einführung, Berlin 2002.
3. Moses I. Finley, Die antike Wirtschaft, München 1977.
4. Hans Kloft, Die Wirtschaft des Imperium Romanum, Mainz 2006.

希腊罗马的文化与科技

希腊罗马的神灵崇拜

1. Hans Kloft, Mysterienkulte der Antike. Götter, Menschen, Rituale, München 1999.
2. Bernhard Linke, Antike Religion, München 2013.
3. Veit Rosenberger, Religion in der Antike, Darmstadt 2012.
4. Holger Sonnabend, Götterwelten. Die Religionen der Antike, Darmstadt 2014.

希腊罗马的文学与哲学

1. Julia Annas, Kurze Einführung in die antike Philosophie, Göttingen 2009.
2. Elaine Fantham, Literarisches Leben im antiken Rom, Stuttgart 1998.
3. Dieter Flach, Römische Geschichtsschreibung, Stuttgart 1998.
4. Wolfgang Schadewaldt, Die griechische Tragödie, Frankfurt/M. 1991.

希腊罗马的医学

1. Antje Krug, Heilkunst und Heilkult. Medizin in der Antike, München 1993.
2. Karl-Heinz Leven, Antike Medizin. Ein Lexikon, München 2005.

希腊罗马的科学技术

1. Brigitte Cech, Technik in der Antike, Stuttgart 2012.
2. Klaus Grewe, Meisterwerke antiker Technik, Mainz 2010.
3. Helmuth Schneider, Geschichte der antiken Technik, München 2012.

世界七大奇迹

1. Kai Brodersen, Die Sieben Weltwunder, München 2006.
2. Holger Sonnabend, Die Sieben Weltwunder, Darmstadt 2010.

罗马帝国的危机与没落

军人皇帝时代

1. Géza Alföldy, Die Krise des Römischen Reiches, Stuttgart 1989.
2. Wolfgang Kuhoff, Diokletian und die Epoche der Tetrarchie, Frankfurt/Main 2001.
3. Michael Sommer, Die Soldatenkaiser, Darmstadt 2004.

君士坦丁大帝

1. Hartwin Brandt, Konstantin der Große, München 2006.
2. Klaus M. Girardet, Der Kaiser und sein Gott, Berlin/New York 2010.
3. Klaus Rosen, Konstantin der Große, Stuttgart 2013.

罗马帝国的分裂

1. Henning Börm, Westrom. Von Honorius bis Justinian, Stuttgart 2013.
2. Alexander Demandt, Geschichte der Spätantike, München 1998.
3. Hartmut Leppin, Theodosius der Große, Darmstadt 2003.

民族大迁移

1. Wolfgang Giese, Die Goten, Stuttgart 2004.

2. Michael Kulikowski, Die Goten vor Rom, Darmstadt 2009.

3. Jochen Martin, Spätantike und Völkerwanderung, München 2001.

4. Walter Pohl, Die Völkerwanderung, Stuttgart u. a. 2005.

西罗马帝国的终结

1. Karl Christ (Hg.), Der Untergang des Römischen Reiches, Darmstadt 1970.

2. Peter J. Heather, Der Untergang des Römischen Weltreichs, Stuttgart 2007.

拜占庭和古代遗产

1. John Haldon, Das Byzantinische Reich, Düsseldorf 2002.

2. Hartmut Leppin, Justinian. Das christliche Experiment, Stuttgart 2011.

3. Ralph-Johannes Lilie, Byzanz - Das zweite Rom, Berlin 2003.